U0623080

北京楚尘文化传媒有限公司　出品

※老城※
影像丛书

流沙河 —— 著

芙蓉秋梦

※

老成都

重庆大学
出版社

自序

文谭

　　这一本《老成都·芙蓉秋梦》动笔之前，我曾反复想过：写呢，还是不写。因为写老成都的书已经够多，我都看过，感觉很好。若要胪列起来，至少也有以下七种。

　　一，傅崇矩编《成都通览》上下册。

　　二，张邦伸著《锦里新编》上下册。

　　三，阳正泰主编《天府蜀都》。

　　四，蒲秀政主编《走近老成都》。

　　五，曾智中与尤德彦编《李劼人说成都》。

　　六，成都市群众艺术馆编《成都掌故》共三册。

　　七，四川文艺出版社编《老成都系列》共七册。

　　最末这两套书，《成都掌故》三册可叠11.1公分高，《老成都系列》七册可叠11.5公分高，皆巨著也。后一套书，编得甚好，内容精彩，可读可藏，在下有幸，蒙嘱作序。老实说，以老成都为主题，好文章都被他们做完了，好材料都被他们用尽了，好名胜都被他们写烦了，好故事都被他们讲腻了。现在我跑来，一腾插进去，还有立足之地吗？不会踩着别人的脚背吗？这样一想，我只好敬谢不敏，请《老城市系列》编者另找高明了。

　　编者说："你举出的那些写老成都的书，我们也看过。但是，你可以写你自己的老成都，和他们不同。"

25×20＝500

　　嘻，此话可听！

　　不是说史学重一般，文学重个别吗？我何不写一写亲身经历的以及见闻的老成都呀？至此爽然一笑，大胆领受任务。这下不会踩着别人的脚背了。呜呼噫嘻，我知之矣。正如阿基米得从澡盆里跳出来喊："我得到了！"我明白自己该怎样下笔了。

　　我所谓的"亲身经历的老成都"仅属个人数十年的回忆罢了，时间空间极其狭窄，不过材料富有感性，具象而且生动。而个人"见闻的老成都"时空范围就要宽得多了，既有一己眼见耳闻的直接材料，又有从旧书与古籍猎获的间接材料，合拢来也就够丰厚的了。何况编者严束在七万字以下，用不着太丰厚的材料。

　　写"自己的老成都"，一百个作家可以写一百本书，而不至于互相踩着脚背。这样的一本书，既是个人胸迹的回顾，又是老城市的写照，载文载史，立足两船，亦颇好玩。提高来说，爱一个老城市也就是爱"父母之邦"，"维桑与梓，必恭敬止"。扩大来说，亦即爱自己的祖国，爱祖国必始于爱桑梓。

　　希望有更多的作家写自己的老城市。

2003年3月4日成都大慈寺路

25×20＝500　　　　　　第　页

再版序　✳

　　二十年前兴起文化寻根的热潮，故土的历史被翻出来晒太阳，本城报章杂志频见老成都的史事回忆。当时江苏美术出版社要推出"老城市系列丛书"，嘱我写老成都。我本旧时代最后一批成都少年郎，革命大军南下作战，入成都时，我刚十八岁。十八年的成都经历已是老城市的最末一章，值得珍惜。何况我又爱成都，爱成都的历史，一直上溯"成亭"时期。我有幸生于斯，读于斯，笑于斯，哭于斯，劳役于斯，老于斯，所以就结合着我的祖先、我的父母以及我自身，写了这本老成都。

　　完稿时忽生悲情，叹历史之如飞，感人间之如梦，正似后蜀孟昶遍植城上的芙蓉，曙花，早白，午红，夕紫，夜落，因副题曰"芙蓉秋梦"。

二〇一三年六月五日

成都长寿路新居

目 录 ❋

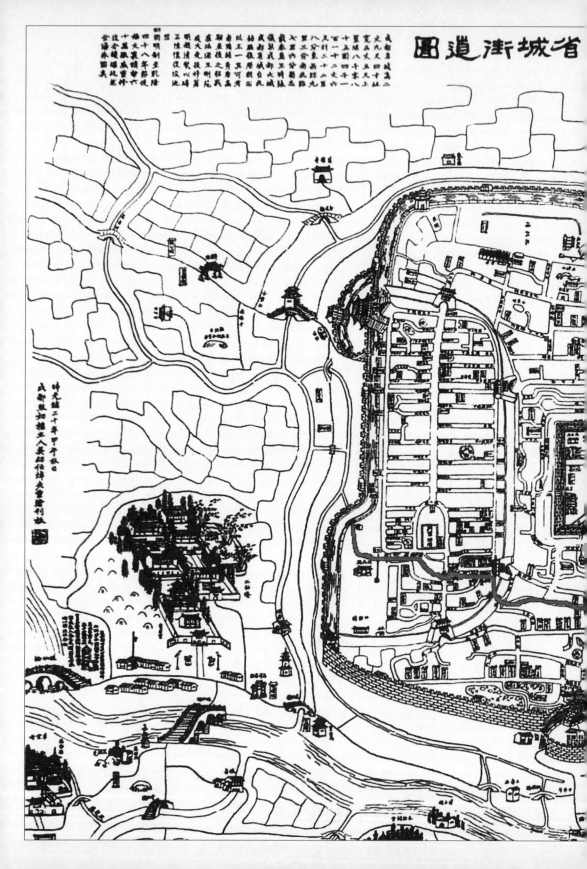

省城街道圖

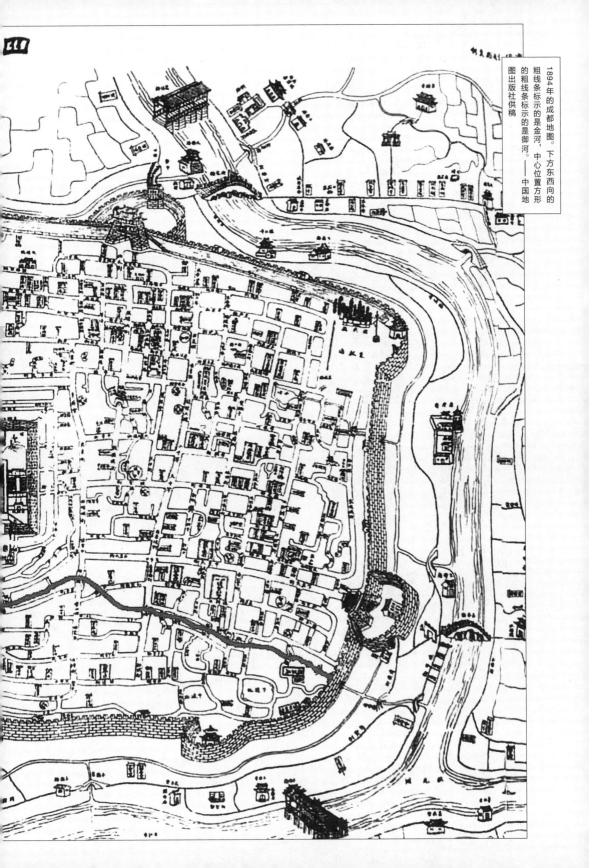

1894年的成都地图。下方东西向的粗线条标示的是金河，中心位置方形的粗线条标示的是御河。——中国地图出版社供稿

※ 第一章

悲欢离合了无痕

| 老成都·芙蓉秋梦

◆ 建于民国二年（1913年）的"辛亥秋保路死事纪念碑"在今人民公园内。保卫筑路权一事引发了辛亥革命武昌起义，为成都人的光荣。（左）
◆ 民国初年成都街边的店铺。货物品类众多，归置齐整。（右下）

事缘于人，从我说起。

我生在成都；读高中，上大学，都在成都；1949年12月随同学们欢呼解放军入城，在成都；参加工作也在成都；1957年以诗罹祸后还是在成都（郊区）；复出写诗在成都；今已退休，仍在成都。我是货真价实的成都人。

母亲生我的那条街是忠烈祠南街，那时叫会府南街。从太平街南口进去，北行不远，左边有一家公共澡堂，门面宽阔，巨字楷书"太平洋浴室"。洋之浩大，室之窄小，矛盾居然在此统一，令人暗自发笑。继续北行，两边店铺低矮逼仄，多卖细木工产品的小作坊。产品以灵牌和镜匣为主，其余品类太繁，不复记忆。灵牌整体为立方形木盒，高可尺余，拱顶如亭，外用栀子染黄，内置牌位一座，由丧家填写"新故显考某某公之灵位"或"新故显妣某太君之灵位"，供在堂上，朝夕焚香礼拜。镜匣即梳妆箱，黑漆

描金，镶嵌螺钿，轻巧精致，放在桌上使用。箱盖内嵌玻璃镜子，推盖立起，便可照容。箱中分层分格，放置扑粉、桃儿粉、胭脂、挑发针、生发油、梳子、篦子、刷子、镊子、绞线、丝缠、耳环、簪子以及各种首饰杂件，以备闺阁晨妆之需。这类细木工小作坊，坊主就是师傅，带徒弟一二名，内间制作，外间销售，忙得生趣盎然。你或许会疑问，如此多的同业作坊，如此多的同类产品，挤在一条街上，生意岂不互相影响？放心好了。同业作坊丛聚一街早已如此，实有便于外州外县客商前来采购。设若星散开了，成都这么大，到哪去找呢？太平街的灵牌和镜匣是这样，锣锅巷的木器家具，东御街的铜器杂件，银丝街的银器，顺城街的白铜水烟袋，皮房街的皮革制品，卧龙桥街的雕版印书，学道街的笔墨，九龙巷的刺绣，科甲巷的刀矛玩具，染房街的麻将牌，纱帽街的戏装，福兴街的帽子，

◆ 拍摄于1920年的成都一家商店门面（下）
◆ 1908年成都街景，右边一块牌匾上写有"分售彩票处"字样，让人惊讶于彩票这种看似近些年才在中国出现的事物，其实已经有上百年历史了。（右上）
◆ 成都青羊宫外的农村集市，卖竹篼、竹箩、竹箕等竹器。一个农妇背负着背篼（内盛已买物品）离去。她拿一根竹竿，回家路上打狗用。（右下）

◆ 一家成都人在院子里合影。那时女子旗袍开衩很低，不用摁扣，更不用拉链，而用旧式纽襻，凸现于衩缝上。
右立男子穿卦衫，亦用纽襻而不用钮扣。（上）
◆ 四川广汉三星堆、永陵等地区出土的文物中有大量精美的玉石艺术品。此为王建墓内出土的"玉大带"。（下）

纯阳观街的靴鞋，也都是这样。此为老成都的一大特色。

再向北行，到太平街北口，有一家香烟店。店内靠壁，设置一座阶梯木架，架上密排一盒盒的高档香烟，品相精美，灿然待售。门面上悬挂着一丛丛的彩色印刷纸条，迎风飘动。这就是那时的彩票了，由香烟店寄售。营业柜台黑漆晃亮，内坐店主，戴着眼镜，二十七岁，含笑招呼过路的熟人，有时抛去一盒香烟，算作敬奉。这位店主就是家父，四川法政学堂毕业，求职不果，改行经商。抛烟敬友之举，日日有之。母亲看见，不免怨言："耍公爷一个，做啥生意嘛。"

太平街走完，进入玉石街。玉石街很短，街上有三家玉石加工作坊，技师正在车磨玉圈，值得一看。他坐在木制的车床上，双脚交替踩踏，绳索带动套着玉圈的轴来回自转，使玉圈与他手掌中掬握的金刚砂互相摩擦，终致打磨光滑，显现出莹润来。这样加工玉器，在成都地区已有三千四百年的历史了。不信去看看2001年成都西郊金沙村出土的大批玉器吧。其中就有玉圈，还有玉璧，正是这样加工而成的。如果去三星堆博物馆看看，你更要吃惊，那里的出土玉琮暗示三千八百年前已有异常精美的玉器制作了。

玉石街走完，就是会府南街了。北行不远，过几家卖旧衣的店铺，右边街沿上有一座大院。抬眼一看，黑漆双扇龙门，两旁门轴之外，低砌石磴，高竖石鼓，上雕石狮，左右对称。跨入龙门，一条里巷，两排小院，左右对门，各立户籍。同排小院之间，都有矮墙隔开。一个小院一家人，一门关尽，可保无虞。此时咿呀一声，一家小院门开，一个年轻孕妇，戴帽披巾，薄袄绒鞋，出来散步。她是我

的母亲，二十三岁。预娩期到了，躁动腹中的我，赖着不出来，使她惴惴不安。独坐一室，李涵秋的《广陵潮》看倦了，抛书出门，到龙门口看街解闷。街上行人不多，卖素面的担子过了，卖蒸蒸糕的担子也过了。斜阳啼鸦，晚风轻寒，想起刚学会的电影插曲《空枝树》，她便心中默唱一遍，不免感伤。歌词曰：

空枝树，不开花。

北风寒，夕阳西下。

一阵阵，叫喳喳，何处喧哗？

何处喧哗？原来是乌鸦。

时近黄昏，背靠着龙门口的石鼓，她眺看太平街那一头，盼望家父早些关了店门回来。又想不行，他们已巳票友社今晚有演出，在春熙大舞台，怕要二更过了才得回来。街景久看无趣，她便转身回去，跨进龙门，走入里巷。忽

◆ 民国时期的成都街道，道路面宽阔，熙来攘往。

然背后轰隆咔嚓接连两声，震耳欲聋，吓得她不敢动。又
听见看门老头嚷叫"撞垮了"，便回头出去看。原来是一
辆大汽车冲上街沿来，直闯龙门，撞垮了她刚才背靠的那
个石鼓。看门老头后来说我母亲"捡回了两条命"。这一
天是1931年11月7日。母亲受此惊恐，怔忡三日，生下
了我。我是一个藐小的人，不敢说"我来到这个世界上"。
我当跪地稽首于会府南街上，没齿不忘，此地是我的起点
站。今后不管好好歹歹，我必须在这个城市里和郊区内碰
碰跌跌，空劳一生。这是命，我敬畏。

　　我钻出隧道来已是半夜过了，顺产，未让母亲受苦。
当时平常人家，产妇都在自己家中坐蓐分娩，请产婆来导
引协助。是夜住宿在隔壁屋的六哥勋焯和七哥勋尧，都还
是小儿童，酣睡中被摇醒，见仆人端两碗醪糟蛋到床前来，
告知他俩"添了个九弟娃"。蜀俗，胎儿平安堕地，厨下即
煮一大锅荷包蛋加醪糟，遍飨家人，兼馈邻里，用以报喜。

　　又，金堂县城槐树街余家，清咸丰二年（1852年）已

分为四房，所有勋字众弟兄均按大小排行，我就成了老九，长于我者叫我九弟，幼于我者叫我九哥。遵照旧俗计算生日，我生于辛未年十月初一，阳历为1931年11月10日。十月初一原系牛王生日，所以幼年顽劣狠犟，母亲责我牛性。成年后参加工作了，母亲郑重提醒我说："生你时半夜已过了，照理说应该算第二天了，所以你的生日应该是十月初二。这才准确。"

忠烈祠南街生我的那座大院，黑漆双扇大门之外，后来增修了铺板屏蔽的门面，遮住龙门。南去不远，1947年新筑了一座基业大厦，甚是显眼。又过若干年，那座大院龙门拆了，成为本市自来水公司营业部的门面，使我暗自心惊。再后来，母亲年老了，我引她去踏寻旧踪，见那自来水公司的门面亦不复存，更不用说那座大院了。眼前一扫而空，原址竟变成了自来水公司的停车大坪。母亲在

◆本书作者流沙河（左）与母亲刘可芬、儿子余鲲。摄于1979年。（左下）
◆1917年成都北门，一群替人挑运行李的苦力，正撂下担子稍作休息。（右上）
◆金堂县赵镇的龙桥。桥墩两侧饰以昂首的龙头，雕刻非常精美。此桥今已不存。（右下）

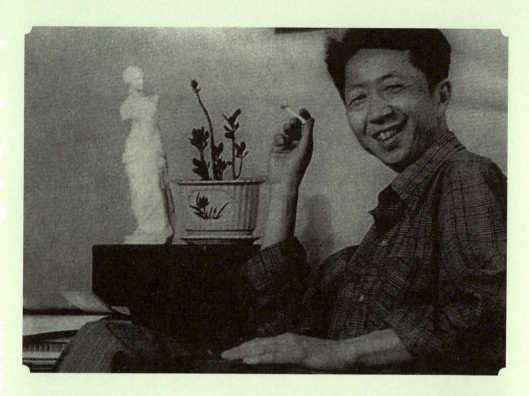

大坪上环顾四方，目测步量，然后指着一辆汽车轮下地面，说："生你的床就安在这里。"半个世纪种种经历，悲欢沉浮，就像太阳下的一场梦，醒来一笑凄然。不数年间，母亲撒手归西，我的来路隐没于黑暗的永恒，而我也置身于苍茫的暮色之中了。

踏寻旧踪之后，写了一首诗《寻访出生地》：

挽扶着老母亲，混进双扇铁门。
守门的正在下棋，问我找谁人。
"找小余。"我严肃回答。
他便不再问话，赶快吃马。

找到办公大楼前，眼望停车场，
母亲点头说："就是这地方。"
我问："床安在哪里？"
母亲微笑，指一辆红旗。

谁曾见过我在这里光着屁股，
吃奶，撒尿，哇哇小儿夜哭？
谁还记得我从这里抱回老家，
甘甜，苦辣，归来白了头发？

想那小余，红旗车下爬出来，
半个百年一场梦，暗自惊呆。
去了，光阴，太不真实如电影，
幸好母亲还健在，有她作证人。

忠烈祠南街最早名叫双桂堂，街西徐家大院有两株桂花，树高龄老。清光绪年间，改名为会府南街。街北左拐有一公廨，是为会府，内设有清帝的万岁牌。阴历每月初一、十五两日，全城官员例须到此集会，朝拜如仪。清亡，会府撤龙牌，改作忠烈祠，专祀辛亥革命本省先烈，岁时致祭。顺理成章，街名又改，叫忠烈祠南街了。但我母亲守旧，仍叫会府南街。据母亲的口述，这条街上有两位大名人。第一位蔡瓜瓜，母亲赞不绝口。第二位尹都督，母亲斥之曰武棒槌儿。

蔡瓜瓜是绰号，街坊们背后叫。当面尊称本名蔡辑五。蜀人儇薄，讪笑憨厚，固若是也。蔡辑五开一家寿相阁，正对我家所在的大院。寿相阁专捏丧家塑像，具体而微，逼真传神。店门口柜台上有一座小巧的玻璃匣橱，陈列清朝文武官员泥塑群像，店内还有一尊光绪皇帝大型泥塑，显示本店艺技水平。"二战"后期盟军来华助战，美军也来要求现场泥塑肖像，引来行人围观，啧啧叫好。当时操此业者还有科甲巷的仰然阁，亦颇可观，但论艺技却不及寿相阁。母亲一生，每见塑像，总要谈到蔡瓜瓜如何了不起。

尹都督即尹昌衡，有公馆在忠烈祠南街北端街西，门禁森严，岗兵把守。尹昌衡曾留学日本士官学校，学成归来，屈任小官，快快不快。适逢辛亥革命，大汉军政府成立，清廷即将覆亡，四川总督满大臣赵尔丰扼于形势，交出军权。十二天后，即1911年12月8日，已经反正的旧军队集合在东较场接受检阅时，忽然哗变，鸣枪上街，抢掠库银。彼等事先密约，闹事以"启发"为口令，互相联络。乱兵抢了库银，又抢殷实富户。街上居民关紧门户，但闻

◆ 为民除害、擒杀赵尔丰的大汉四川军政府都督尹昌衡（上）
◆ 1911年11月27日，皇城内明远楼前庆祝的民众。（下）

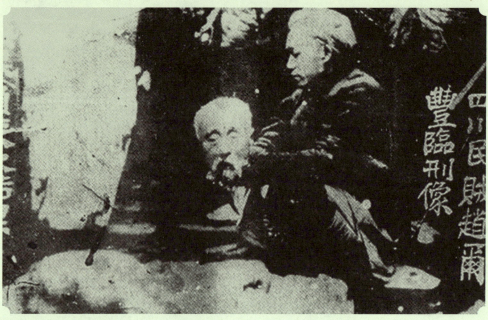

外边脚步声嘈杂，盘问口令，回答"启发"，便传话给四邻："外边在打启发。"从此蜀人每见抢劫，皆谓之"打启发"。扩展其义，甲拿走了乙的财物，乙也说甲："你又来打我的启发。"说来你会诧异，启发一词出自《论语·述而》之"不愤不启，不悱不发"。这一帮烂丘八做了强盗，还要引经据典表示"愤悱"，真是雅得可恶。此系后话，按下不表。

且回头说赵尔丰，此时他仍赖在督院不走，急切等待川边的剿藏部队杀回成都来，他好趁乱夺回军权，想法挽救大清江山。殊不知那小官尹昌衡此时闻兵变而窃喜，心知"鸿鹄将至"，便冒险出北门，疾驰往凤凰山新军营，急带一支队伍赶回城，粉平叛乱，挤垮都督蒲殿俊，取而代之，变为尹都督。这一变，赵尔丰的脑袋就保不住了。

尹都督派兵包围了督院。事先买通了赵尔丰的精锐卫队，放彼等从督院悄悄撤走。然后在1911年12月22日黎明，遣一支突击队冲入督院，擒赵尔丰于卧榻之上。此地

老成都

芙蓉秋梦

明清两代都是全川最高行政中心。明代的巡抚都察院设在这里，清代的总督衙门也设在这里。蜀人把总督衙门的"督"字和都察院的"院"字连缀起来，称之为"督院"，又用以名街，这就是督院街了。也就是在这里，三个月前，赵尔丰诱捕了保路同志会的领袖蒲殿俊、罗纶、颜楷、张澜等，又下令开枪镇压冲进督院大门请愿的市民，打死三十二人。蜀人谓之"赵尔丰开红山"，都咒那赵尔丰不得好死。尹都督摸透了民心，当天在大汉军政府所在的皇城内召开市民大会，同时吩咐将赵尔丰从督院抬到这里来，接受公审。皇城至公堂设立审判庭，尹都督和罗纶副都督高坐上面。赵尔丰被押到明远楼阶梯下，席地而坐。与会市民数千，挤满两旁空地。人声鼎沸，空气紧张。

尹都督嗓子亮，历数了赵尔丰的罪行，然后高声问："各位父老兄弟，你们说，杀不杀？"

两旁吼叫，一片杀声，滚动如潮。

赵尔丰忽然怒指尹都督，揭发当初尹昌衡来拜见，密约互保：革命成功了，尹保赵不死；革命失败了，赵保尹无罪。现今翻脸不认人，十足诈骗，是个小人。

尹都督冷笑一挥手，下面刽子手急挥刀。血喷头落，幕落剧终。幼年有邻居傅昭宸，尊称傅四先生，以做纸牌为业，少时在成都大墙街一家装裱铺学手艺，曾在现场目睹公审情形，屡叙述，说如此。据他说，问民众杀不杀然后杀，就是"国人皆曰可杀然后杀之"，《孟子》书上说的。

此事尚有余音绕梁，不知确否，姑且记之。话说赵尔丰有藏族小妾，矢志复仇，躲在东大街某栈房的楼上，伺尹都督骑马经过下面，连射两枪击之，惜乎未中。尹都督说，此乃义妇，赞赏不已，纳以侍寝，甚宠爱云。

辛亥革命成功以后，少年郭沫若在成都读书，听过尹昌衡讲演，记得他有三段论：一、自古英雄皆好色。二、昌衡好色。三、所以昌衡是英雄。此事记载于郭沫若的长篇自传内。

母亲居住忠烈祠南街时，曾目睹尹都督跑马大街上，评论说："小人得志，武棒槌儿一个。"

成都市消防队指挥部所在的华兴上街旧名皇华馆街。消防队指挥部所在地百年前也正是清代的皇华馆之所在。皇华馆是接待朝廷使臣的招待所。清末，慈禧施行新政，派原山西巡抚岑春煊入川署理总督。岑春煊敉平了川西各县义和团残余，认识到"非开办警察无以戢民之不致为乱"，乃奏请清廷批准在成都试办警察，以维持省城治安。岑春煊是洋务派的老官僚，闻说有个原籍浙江，出生在成都的周善培字孝怀，曾东渡日本考察过警务，又颇熟稔四川状况，便调来协助他试办警察。

光绪二十九年（1903年）阴历四月初一，警察总局首在成都正式挂牌，以取代原有的保甲总局。次年，警察总局从帘官公所保甲总局旧址，迁到距市中心繁华区更近的皇华馆旧址。又次年，警察总局改称为通省警察总局，总管全川警政，兼管成都市区警务。辛亥革命推翻清朝，建立民国以后，分设了省会警察厅，专管成都市区警务。1928年国民革命军北伐胜利后，省会警察厅又改称为成都公安局，局址仍在皇华馆旧址。这个地方曾经主持公道，改变了我母亲的命运。

还得从头说起，回到光绪三十四年夏天，也就是1908年。这年6月30日，一颗大陨石落在西伯利亚的通古斯大森林里，爆炸的冲击波伦敦都测到了。三个月后，光绪皇

◆ 宣统三年（1911年）成都军
风警容（上）
◆ 进出城的人流中，两人抬的
滑竿经常可以见到。有的黑布为
篷，可遮阳避雨。（下）

◆ 岷江上用鸬鹚捕鱼的渔民
（左上）
◆ 农历四月初八，佛祖诞辰，
九眼桥举行放生会。成都城内善
男信女，纷纷出老东门到九眼桥，
买鱼买鳝买龟买鳖，桥下放生。
下游望江楼（照片可见崇丽阁），
有农民捕捞。捕得又拿到九眼桥
来，卖给善男信女。（左下）
◆ 民国时期四川男子头饰。中
国西南、华南地区的成年男子习
惯以青布缠头，缠法各有不同。
（下）

帝和慈禧太后相继病死，预示中国大变革即将来临。

就在光绪慈禧病死之前，大陨石坠落通古斯后第十天，川中安岳县清泉沟刘家院子一角，木椽瓦甍之下，一个女婴出生。命中注定她将来要生我，成为我的母亲，经受许多痛苦。她的父亲刘裕和，一个乡村小地主，为人软弱，无权无势，典型的"土佬肥"，翻查《康熙字典》，给她取名果贞。襁褓之中，土匪夜袭刘家院子，举着火把，端着鸟枪，锅烟煤画花脸，抢光家用铺笼罩盖，以及腊肉香肠。到果贞两岁，土匪又袭，绑架了哥哥，背到外乡去，眼蒙黑布，耳灌白蜡。这叫"抱童子"，或曰"拉肥猪"，要拿钱去赎。刘裕和赶紧卖了几亩田，赎回侄儿。侄儿之父即刘裕和之兄，早死，所以认叔父作亲父，叫刘裕和爸爸。刘裕和这一次下决心离乡背井，卖完田地，雇来三乘滑竿（一种二人抬的软椅），他和子女各坐一乘，逃亡到双

流县机投桥乡下，另买田地，新修房屋，仍做个乡村的小地主。补说一句，他的贤妻亦即果贞之母，分娩不久病故，所以全家仅此三人。除每年收田租而外，刘裕和还做小生意，不数年后又肥起来，惹得土匪觊觎，所以朝夕提心吊胆。做生意出门，他怀藏一柄羊皮鞘的匕首，作防身之用。

昔年双流县机投桥乡下，其地为今日之中央花园别墅所在，位于成都城的西南近郊，所以刘果贞幼年常去龙爪堰和神仙树一带游玩。刘裕和膝下无儿，唯此孤星一女，特别疼惜，从不责骂。果贞自由惯了，下水捉鱼，上树摘果，同男孩子一样。刘裕和跑生意要进城，她也闹着要去，只好蹲下身来，背她上路。此时清朝已经覆灭三四年了，刘裕和仍蓄着辫子，不愿剪除。在乡下蓄辫子，没有谁来指责。听说城里要剪，多次进城，亦未被剪，他就心存侥幸。他不知悉最革命的滇军已经驻防成都，岗兵执剪把守城门，这次要受奇耻大辱。

◆ 民国初年的成都南门内，大街上行人如织，这是当年进出成都人流最多的城门之一。

刘裕和背负着六岁的果贞女，从机投桥一路东行，约十五里，到达南门大桥。过桥右拐北去，便是南城门洞。入洞撞见岗兵，喝令站住。他才放下女儿，岗兵已经亮出剪刀，推他面向石砌洞壁，嘎吱一声剪断。事出仓猝，他惊呆了。清醒过来，急扑向前，攫取地下的辫子，揣入腹部三角形的裹肚袋中，一手遮护后脑，一手拖住女儿，快跑出城，低头不敢见人，满脸羞愧逃回家去。果贞记得，跑上南门大桥，两边摊贩哈哈嘲笑，说刺耳话。

刘裕和跑回家，闭门大哭，两个月不出房门，一年不进城。他叫木匠做了一具棺材，仅一尺长，黑漆，殡藏辫子，厝置枕中。阴历月月初一早晨，必定开棺临视，往往堕泪。总要果贞前去抱着腿摇，叫爸爸不要哭，他才节哀。

◆ 1908年的成都青羊宫（上）
◆ 20世纪20年代建成的新街，众商云集，街头可见轻盈便捷的东洋车和时髦的汽车。（左）
◆ 成都南门外，城墙边民居很密集，河水静静地流淌而过。（右）

那时刘裕和并非老头子，只有三十几岁，拿今日的标尺度量，正是青年，而观念竟如斯，亦可怪矣。

光阴易过，倏忽又是十年，果贞十六岁了，刘裕和也年过四十，深感鳏居寂寞，遂再续弦。新妻是成都城里玉带桥街的人，境况不详。婚后也还过得下去，对果贞也不错。何况刘裕和为人极老实，遇事忍让，所以夫妻之间从不吵架。越年的正月初，新妻要回娘家，说带果贞进城去看热闹。刘裕和给了钱，吩咐沿途小心，果贞要听话，莫乱走，耍个十天半月回来。万万想不到半月后新妻独自回来，哭说果贞进城染病而亡，现已安葬在青羊宫附近。刘裕和哭，跟随新妻去青羊宫附近一片丛葬林中，凭吊亡魂于一丘新坟上，香蜡钱纸烧了，抑郁而归。新妻不久又回娘家，不再归来。刘裕和明白，城里人嫌乡下苦，她不归来也就罢了。

两年后，刘裕和做生意进城去，走到成都南门外一家幺店子，碰见熟人招呼，问他为啥瘦成这样。他向那人陈诉殇女之痛。那人惊愕，说前不久见果贞，住在城里某街某院，活得好好的呢。于是真相大白，刘裕和找到了"染病而亡"的独生女，相对大哭。遗憾的是为时太晚，果贞已和一个姓余名营成的四川法政学堂学生同居，做了他的二妻。婚仪早就举行过了，木已成舟。

　　刘裕和受不了这个"二"，认为于义不合。他虽不富贵，也算个乡绅，怎能让爱女做二？此后十余年，直到他去世，都不理睬女婿。

　　他晚年时，我读小学，能给他写信了，他才认我是他的亲外孙，牵我到南大街买包子吃，叫我孙儿。那时他已搬离机投桥乡下，迁居成都南门外过大桥染靛街尽头的倒桑树街26号，在此开了一家骡马栈房，又在染靛街西开

◆ 望江楼崇丽阁（左）
◆ 幼儿在接种天花疫苗。旧时的新生儿，病天的比例不小，西洋医药的传入，起到了积极的作用。（右）

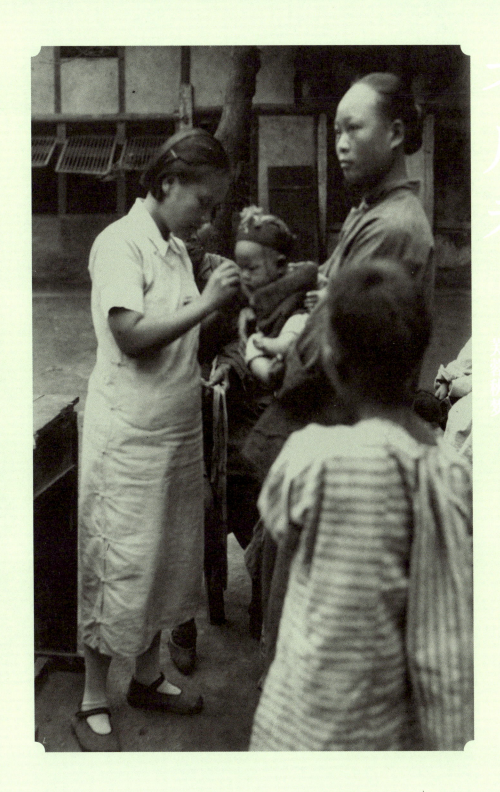

芙蓉秋梦

◆ 蜀中山多，山道崎岖，运输货物的马帮成了崇山峻岭间独特的风景。

老戈都

芙蓉秋梦

一家茶馆，而我家也早已从成都迁回金堂县城槐树街余家大院了。外祖父刘裕和隔两年来一次顾视其独生女——我的母亲。白天我陪他走街串巷转城墙，缓缓踱步。每见人家门联，他必停步诵读，为我讲解。时在抗日战争期间，联有"百万貔貅对日征"句。他指点说："貔貅，神兽之名。"

夜晚我陪他睡眠。下半夜风雨惊醒我，闪电中见他倚床静坐。现在回想起来，才知道他失眠。

1945年夏，他染霍乱，发病不到七十二小时就谢世了。已经上吐下泻，才抬他到平安桥法国医院去。院里不但病床住满，过道都躺满了，大门外都躺着，皆是霍乱。

外祖父留给我的遗物，是他壮年防身用的那柄羊皮鞘的匕首。那时我读金堂私立崇正初中三期，功课紧，未奔丧。在我的记忆里，外祖父身体弱，矮小瘦瘠，垮眼角，尖下颔，白皮肤，黄眼仁，语音细，步履迟。我的相貌似他，身体瘦弱也和他差不多，但身材比他高，走路也比他快。

　　回头再说十六岁已满的刘果贞被继母骗来成都城里，住在玉带桥街继母家中，日日出游。继母旋即暗中买人假报凶信，说刘裕和昨日在家暴病而亡。继母号啕抹泪，顿脚捶胸，留下果贞，说去奔丧。不知去了何处，混七八天，然后回来，说已安葬入土。一番谎话，断了果贞归意。继母又暗中买人在青羊宫附近乱葬林中造了假坟，又潜往机投桥乡下，引刘裕和去坟前哭了祭了，断了他的舐犊之情。险恶设计终于圆满兑现。半年后，继母托媒婆，将刘果贞（此时十七岁了）说与余营成做二妻，狠敲一笔钱。

　　婚后，余营成教刘果贞识字看书写信，又代她改"果贞"为"可芬"，名片上印"余刘可芬"。两人闺中快活，自不必说。如此过了两年，一日，"暴病而亡"的刘裕和问上门来，找到了他"染病而亡"的独生女，黑幕才撕开了。

◆ 旧时的婚礼，有钱人家讲究热闹隆重，喜欢招摇过市。穷人家就只能草草了事了。（左下）
◆ 望江楼之吟诗楼，为纪念女诗人薛涛而建。（右上）
◆ 望江楼屹立于锦江之畔，建于光绪十五年（1889年）。（右下）

余营成写状纸，投诉到皇华馆成都公安局，揭发那女骗子。调查属实，访员采录，报纸登载，真相公开。结案之日，传刘可芬到场作证，为其继母定罪。终以罪不至刑，罚打手板二十。刑警执板，叫女骗子摊开手掌受罚。那板子长一尺，漆成红色，木制，厚一寸，宽二寸，板端上翘收尖。倘若高高举起，狠狠挥打下来，亦甚厉害。毕竟也是妇人，细肉嫩掌，看这一关怎样熬过。那妇人瑟缩着，手掌欲伸出又收回，正在为难之际，想不到的是刘可芬突然向警官下跪，请求饶了不打。警官吩咐收起板子，然后教训那女骗子："看你羞不羞啊!"便免罚，放了人，案遂结。

当时余营成在五世同堂街四川法政学堂读书，同成都大学学生钟肇先有戚谊，来往密切。刘可芬在裕华纱厂做工，认识了钟肇先的女友徐琴芳，二人性情相近，朝夕过

◆ 1898年灌县城隍庙。虽尽显破败之象，但难掩建筑精致华美的气象。（左上）
◆ 20世纪40年代后期，学生运动勃兴之际，四川大学女生院有"自由读书会"的活动。图为该会部分会员合影。（左下）
◆ 清末，成都南城街区一市民，身穿右衽衫，后脑蓄长发。家长和儿女的穿戴都具有清末川西样式。（右下）

从。逛街买衣缝袄，都是一式两件，二人各一。1928年底或1929年初，一位老师姓李，询问二人愿不愿去省外很远的地方。翌日又引她俩去见一位陌生人，说他就是招募者。徐琴芳不愿，刘可芬迟疑，乃作罢。此后再无接触，也未放在心上。母亲在去世前两三年，才向我说："那个陌生人就是邓小平。"问她从何而知是邓小平，她说："报上看见照片。"问她啥时候看见照片的，她说："解放初期。"停停又说："如果去了，也就没有你了。"我暗自惊异，想起百色起义就发生在1929年11月。"省外很远的地方"是暗指广西百色吗？弱者的命运也蕴含着多样可能性啊。

四川法政学堂管理松散，余营成才有空参加己巳票友社的活动，往往带着新妻刘可芬一起去。平常活动，京戏清唱，格局类似川戏围鼓，夜深而散。特殊活动，登台票

◆ 戏台上正在演出戏剧，台下拥挤的观众纷纷回头看着摄像镜头，那个年代，摄像镜头的确比戏剧更能引起他们的兴趣。（左下）

◆ 四川山多水广，多产山竹。竹藤器是成都的特产。（右）

◆四川农村一水车（下）

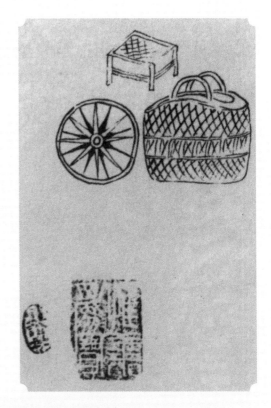

戏。余营成唱老生有《空城计》，唱老旦有《赵州桥》和《钓金龟》，都票过，得好评。刘可芬坐楼厢，听本社票友们喝彩叫好，亦甚得意。奈何登台票戏要付费用，不敢经常举行。后来又加入友联社，也票过戏。友联社聘梅兰芳的琴师陈彦衡之子陈富年作指导，刘可芬也就认得陈富年，还在家中招待过他。

正是"朝朝寒食，夜夜元宵"，游公园，下馆子，打麻将，走亲戚，轮回转着玩。最好玩的是夏天去康庄游泳，刘可芬穿着黑色羊绒游泳装，学会洑水。康庄在今日之百花潭公园内，当时是邓锡侯私家别墅，并未对外开放。余营成有熟人关系，故可入内。

快活游玩的岁月，在我出生后，忽然结束了。

◆ 夏日午后的成都街巷。大太阳底下，手拿阳伞的人们脚步匆匆，驮运货物的牲口显得有气无力。（上）

◆ 成都北去九十华里的汉州（今广汉县）村庄，沃野平畴，自流灌溉，盛产水稻。（下）

第二章

城险邦危话苦辛

距今一百五十年前，法国人发明照相术以后，图像时代就开始了。虽属洋人"奇技淫巧"，却合慈禧太后口味。如若不然，她就不会叫留法学生勋龄进宫来给她照相了。事见《御香缥缈录》一书，作者德龄是勋龄的大姐。照相开业于内陆的成都，在光绪三十年（1904年），那年家父刚刚出生。开业的第一家涤雪斋照相楼在桂王桥南街，门面窄小，营业状况不佳。老板吴焯夫，最初习绘事，专业画"真子"。"真子"即肖像。古人也想留影，雇画师来写真，死后挂在影堂，昭示子孙，绳其祖武。吴焯夫脑筋活，他利用一具三脚架照相机（一位法国传教士赠送的），以湿片给顾客拍照，然后方格放大，画成肖像。绘画写真和照相留影相结合，俨然"中体西用"。制作一幅四尺纸的冠袍坐像，还要全身着色，需时半月，索价甚昂，至少五十块大洋（银圆），抵今四千元。画"真子"有

◆ 外国人将摄影技术带到中国，带到成都，众人皆来围观。（左）
◆ 20世纪20年代的一母三女，皆短袖露肘。要到40年代，才兴露膀。（右上）
◆ 老成都一家中产阶级家庭。老者长袍马褂双鼻梁鞋，二童读小学穿学生制服。（右下）

讲究，切忌太像。太像了，面貌上的缺陷彰显出来，顾客不悦。还要画出"福气"，显示"寿缘"。面部最难，吴焯夫画面部。冠袍交给徒弟去画，且随顾客需要增减，不必如实。涤雪斋招牌写明是照相，其实只是利用照相术画肖像罢了。

真正的第一家照相馆应该是开业稍晚的有容照相馆。馆址在皇华馆街（今兴华上街）东端，昌福馆街（今东风商场）北口左拐。老板广东人梁氏兄弟俩，兄名友戎，弟名伯伟。门面上方横额大字"有容照相馆"，下加注外文拼音"YouYong"，表示洋气。馆址背后，邻近昌福馆街的宜园茶馆。家父常坐宜园，茶聚朋友。《师亮随刊》设在宜园内，不定期出版。社长刘师亮，川南内江人，民国元年上成都来开茶馆，办印刷社，写得一手泼辣诙谐好文章，讥弹时政，讽刺当权，为成都文坛一怪杰，深受市民钦佩，而不为"五四"新文学运动所接纳。我小时候读过他的一则短文，说是村妇两亲家上成都，见一处悬匾牌，上有"政府"字样。二妇眼瞀误认。一妇说："亲家，我们走到叙府来了。"另一妇说："叙府出糟蛋，快去买几个。"于是联袂欲进大门。守门岗兵挡住盘问。回答"买糟蛋"。岗兵骂"滚蛋"。一妇说："亲家，他们还卖滚蛋。"另一妇说："也买几个来尝。"还有一则传说，称刘师亮去见某大军阀，手提燃烛灯笼。军阀问白天点灯笼做啥。回答："你这里太黑。"又一传说，刘湘病逝，刘师亮送挽联。上联"刘主席千古"，下联"中华民国万岁"。有看客说：'刘主席'三个字，'中华民国'四个字。'刘主席'怎能对'中华民国'？"刘师亮说："这就是对不起嘛。"

此人值得多写几笔。1924年，军阀杨森执政成都，官

◆ 城南庭院中的老人长袍套无袖马褂，瓜皮帽，朝元鞋。身边少年穿戴整洁，手捧书本，显示好学。（上）
◆ 20年代成都昌福馆街景，两旁是奇特的长廊式建筑，中间通道行人。（下）

拜督理，提口号"建设新四川"，规划修马路。重点是一条北接劝业场（今商业场），南交东大街，连通这两处闹市的马路，就是后来成了繁华中心的春熙路。至今无人再说此路不该修。但是当初着手修时，确实引起舆情鼓噪，震动九里三分之城。原因就在要拆许多商贾店肆，而又不给赔偿。商贾联名请愿，杨森不予理睬。"五老七贤"出面说话，要求缓修。杨森威吓说："拆一点房子，你们就闹。早知这样，我带兵进城时一把火烧光，省得现在麻烦！"下令强拆，绝不手软。威吓果然收效，民房很快拆尽，路面很快捶平。这时，刘师亮刊登出一副对联：

> 马路已捶平，问督理何日才滚。
> 民房早拆尽，看将军几时开车。

上联的"滚"，表面上指滚压，其实是问哪天滚蛋。下联的"车"，表面上指汽车，其实是成都方言"车身就走"的意思。车作动词用就是转。转身，成都人说"车身"。某人转身而去，成都人说"他开车了"。上下联都在骂杨森为啥还不转身滚蛋。刘师亮的作品多用四川方言，又写得极通俗，所以广为流传。方言的运用，既增添了语言趣味，也设置了地域局限，所以他的名声再响，亦难溢出盆地，传到外省。此君执着批判世道，伸张公义，似亦以文为用而已，并不追求文学目标，也就无心去靠拢新文学运动了。但是，新文学运动拒不接纳他，却是毫无道理的。

回头来说杨森，虽是武棒槌儿，却有活脑筋。据说他看了这副对联后，心中不悦，口头却说"有才"，叫人拿

◆ 刘师亮先生肖像（右）
◆ 叙府风光。半山寺下、岷江
岸边船只成排，人如蚁聚。叙府
是宜宾旧称。（下）

◆ 1935年国民政府提倡"新生活运动"，意在革除不良习惯。此为"新生活运动"的纪念章。（左上）

◆ 川军风云人物之一的杨森（左下）

着名片去恭请刘师亮，"就说我要当面向他聆教聆教"。刘师亮早就注意到，近来大街上到处钉木牌，上面写杨森语录，言辞生硬可笑。例如下面五条：

"杨森说，禁止妇女缠脚。"

"杨森说，应该勤剪指甲，蓄指甲既不卫生，又是懒惰。"

"杨森说，打牌壮人会打死，打球打猎弱人会打壮。"

"杨森说，穿短衣服节省布匹，又有尚武精神。"

"杨森说，夏天在茶馆酒肆大街上及公共场所，打赤膊是不文明的行为。"

刘师亮还看见街上有巡逻捉赤膊打手板，越发反感。现在要去拜见杨森，就偏不穿短衣，而着长袍，看他又能怎样。见面一点头，刘师亮先说："师亮今天是来讨打的。督理叫穿短衣，师亮却着长袍，还不该挨？赤膊打手

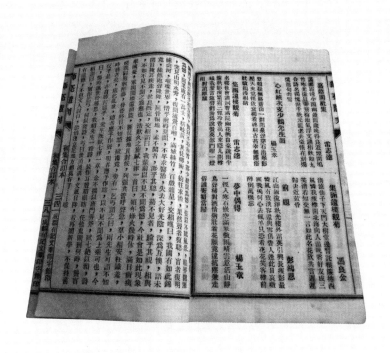

◆ 《师亮随刊》内容杂博，多时论之作。（右）

板，长袍就该打屁股。"杨森欲洗刷颟顸的印象，便解释说："提倡短衣，意在节省布匹，不是禁止长袍。先生说到哪里去了。杨某人绝不是外头说的蛮干将军。就拿修路来说，拆房背负恶名，也是不得已啊。这中间的苦衷，还望先生谅解，代为剖白。"刘师亮也顺水推舟，表示赞成"建设新四川"的口号，只是派兵拆房，手段生硬，还宜另谋善策才是。杨森也作"从善如流"之状，说些"先生高见"的话。此后月月给刘师亮送舆马费银圆百块，礼聘为督理府咨议，又通知本市各机关法团不妨订阅《师亮随刊》。事遂抹平，而两造相安矣。刘师亮逝世于20世纪40年代。生前住家慈惠堂街12号一小院。我这五十年间，常从其故居门前过，总要想象此人是何模样。他对我有影响，我承认。

说到这里闸板，仍回到昌福馆街去。老资格的昌福印刷公司在街北口，南邻刘师亮的宜园茶馆。宜园又紧靠宜昌电影院。此院设备简陋，资历却算最老，成都历史上首次放映电影就在这里，那是1917年了。尤可哂者，此院多映《荒江女侠》《火烧红莲寺》《大闹五台山》一类的武侠片。更有值得大书而特书的，巴金长篇小说《家》中，觉慧和觉民以及琴表姐常去看新书报的华阳书报流通社，竟然也在这又短又窄的昌福馆街上，再加上师亮随刊社也设在此街宜园内，而街北口出去，又是成都首家经营照相业的有容照相馆，我敢说，20世纪初期，成都思想文化中心就在昌福馆街。

那时我家也是有容照相馆的熟客。家父1924年上北京就读燕京大学，途中卧病武昌，迁延月余，颓然返回成都，留影于有容照相馆，以志遗憾。看那张照片上，形容清瘦，

◆ 轿夫赤脚涉水过河。轿子是古老的交通工具之一，但通常都是有钱有地位的人才能够享受得起。（上）
◆ 用背架子背运木材。运输工具不发达的时代，只能靠人力搬运重物。负重而行，不得不叹服这位男子的力量及平衡能力。（下）

◆ 20世纪30年代之初,国立四川大学设在皇城内。所谓皇城,乃明朝蜀王的宫城,在清朝为贡院。科举考试之考场在贡院内。贡院外的牌楼"为国求贤"四字,说的正是科举考试,为国家求贤才。(左上)
◆ 宣统二年(1910年)成都正式邮政吃官家饭的员工合影(左下)
◆ 1912年成都集市。似乎是青羊宫集市,近处竹器制品琳琅满目,远处行人摩肩接踵。(下)

穿着西装,双手拄一根Stick,犹能想象当时病得不轻。

第二张照片是父母婚后合影。男站女坐,习俗如此。母亲戴扣盆帽,披方围巾,坎肩旗袍,神态安恬,坐姿优美。

第三张照片是己巳票友社集体照,横幅长条。原来是一群二十几岁的小青年啊,或坐或立,或抱臂或跷脚,或笑或肃,或相挽或相携,表情莫不自然潇洒,使人不敢小看这些人的文化底蕴。这张照片摄成两年之后,我才出生。

第四张照片是一个幼婴,一丝不挂,匍匐横陈在花台上,背景一铁树,似有象征意味。这就是我,半岁。

第五张照片是我满一岁,为志喜而摄。母亲含笑给我掂尿,鸭鸭从开裆裤露出来,正对镜头。当时习俗,育男宜庆,正该显示出来。有趣的是两眼凝视前方,竟成了可笑的斗鸡眼。估计是梁老板正在摇铃,引我注目于镜头吧。

我今白头，常从华兴上街到邮局去，路过东风商场后门，想起就在这后门口我曾赤裸，又曾作放尿状，便觉得数十年如石火之一闪，荒诞惊心。

就在我满一岁照相后第五天，1932年11月16日上午，"二刘之战"爆发。先是家父关紧香烟店门，从太平街急返忠烈祠南街大院内，告知四邻："打起来了！"母亲出大门看，满街商店噼噼啪啪在关铺板，行人小跑，小贩收摊子，便知灾祸将至。当时弄不明白谁和谁打，后来才听说，是二十九军田颂尧进城，抢二十四军刘文辉的地盘，双方对峙于南门内，青石桥到红照壁这几条街上，都撬了街沿石，码成战垒。忠烈祠南街距火线尚远，夜深人静了，能听见炮声。传闻太多，虚惊不少。总是紧张半日，松弛半日。趁着松弛，商店又开铺板营业半日，主妇又提箢篼赶紧买菜，同时雇人来挑走漫溢的厕潴。

一天上午，全城惊奇，仰观飞机，飞得很高，亦未"下蛋"，是来侦察的。据说是田冬瓜（田颂尧）打不过多宝道人（刘文辉），二十一军刘湘派飞机来支援。刘湘有飞机十几架，又有铁甲轮船三艘，兵强器锐，已控制下川东，以重庆为依托。这回挥师西向，要吞并他幺叔刘文辉。他把此次征讨叫作"安川之战"。

残酷的血战拉开了序幕。母亲回忆说："农民不敢进城卖菜，家中泡菜坛子都捞空了。卧底的泡姜泡海椒都捞来吃了。"

"二刘之战"中老侄刘湘攻，幺叔刘文辉守。他二人系亲叔侄（刘湘的祖父和刘文辉的父亲是亲兄弟），各带兵十余万。侄占川东，叔占川西。名义上都是"国民革命军"，番号不同。士兵臂章一个是21A，一个是24 A。攻

◆ "二刘之战"主角之一,军阀刘湘。(右)

◆ 抗日战争中,刘湘将军的茶壶,王瓒绪将军的抗日诗扇,杨森将军的墨盒。(下)

芙蓉秋梦

者猛，守者狠，二人都想由自己来"统一"四川，变相称王。成都就是王都，侄来抢，叔不给。两军街巷厮杀，民房顶上放枪，官府坝中架炮，百姓称之为"打巷战"。母亲回忆说："炮弹屋上飞，我抱着你念阿弥陀佛。"

巷战很快升级为高地争夺战，就是煤山大战。煤山在市中心皇城内，不是真山，而是清代铸钱留下的炉渣堆。多年堆积，高过城墙。登上山顶，向西眺望，晴日可见西岭雪山。那时国立四川大学已两周岁，校址在皇城内，煤山在校墙外。莘莘学子不惧巷战升级，依旧青灯黄卷。校方得到军方保证，校园为非战区，不受攻击。殊不料偏袒刘湘的二十九军拟在煤山上架大炮，轰击二十四军部（在将军衙门），二十四军便趁黑夜派一个旅来攻煤山。又不敢正面攻，就闯入四川大学校园里，推垮校墙，从煤山背后攻。至此，非战区的保证全作废了，师生陷于绝境。初冬午夜，大学生们蜷缩在床底下，被盖蒙头，惊听步枪、机枪、手榴弹、冲锋号的多声混响，近在耳边。杂以哭号似的呐喊，尤为恐怖。就这样夜战了一个通宵，煤山仍在二十九军手中，攻不下来。

二十九军死守煤山投一个营，士兵经打耐战。一个通宵攻不下来，攻方就出钱招募敢死队，每人十块银圆。当天下午，敢死队五十人，携步枪，带马刀，挂手榴弹，赤膊上阵，从南面入皇城，冒着弹雨扑向煤山。守方居高临下，机枪扫射。攻方掷手榴弹上去，守方滚手榴弹下来，孰难孰易，不言自喻。敢死队败，唯队长和队员数人生还。这时已是通宵夜战后的第二天下午了。

第三天，土匪出身的二十四军旅长石肇武又招募敢死队，命价涨到每人三十块银圆。外加赏格：冲上煤山的，一百块银圆。结果双方火力乱射，战场扩大，民怨沸腾。省议会出面谴责刘文辉，呼吁两军停战，共安民于衽席之上。刘文辉也曾是读书人（名文辉字自乾，取自《易经》的"乾德有光辉"），知有所畏，只好停攻。炮火一停，街面又热闹了，茶馆又营业了，店铺又开门了。卖报的沿街喊。卖菜的赚大钱。粮油店打涌堂，半日卖完。挑粪出城，农夫成串。遍街丘八，气焰嚣张。

刘文辉急于驱逐二十九军出城去，免除肘腋之患，他好对付东路来的老侄刘湘，所以不久又叫石肇武去强攻煤山。于是再招募敢死队，又去冲火网。守方也悬赏格：打死敢死队长的，五十块银圆。结果是那队长被打成筛子孔。攻方火线任命新队长，悬以更高的赏格，终于冲上去，于是煤山落入二十四军之手。这是银圆胜利的光辉，生命失败的耻辱。

煤山失守，心有不甘，当天晚上，二十九军前敌指挥王铭章临阵督战，叫军需处抬来十箱银圆和几坛烧酒，也招募敢死队九十人。分三组，每组三十人。当即发银圆，每人三十块。大家痛饮，给自己预烧了钱纸，仰天默祷，还望祖宗保佑，辞了香火，头顶一叠钱纸，表示自己已是亡魂。然后背负马刀，手提快枪，摸黑反攻煤山。互相看不清楚，双方奋砍马刀，彼此伤亡惨重。王铭章见反攻失败，只好从厚载门（讹为后子门）撤退到皇城外，伺机再来反扑。

此时二十八军邓锡侯以中立面目出面调解，劝说二十四军刘文辉不要再打巷战了。刘文辉身为四川省主席，想做一点高姿态，以平息市民的不满，就同意把煤山移交给中立的邓锡侯。结果是刘文辉被骗了，邓锡侯把煤

◆ 率领国民革命军第二十八军
进入成都的军长邓锡侯（右）

◆ 刘文辉军队在行进途中（下）

◆ 1939年国民政府主席林森
在成都百花潭邓锡侯别墅康庄。
（左）
◆ 杨森的军队集结在江边上。
（下）
◆国立四川大学校门（右下）

山交给二十九军田颂尧。刘文辉大怒，下令再攻煤山。前敌指挥王治人和土匪出身的石肇武，调集迫击炮再次轰煤山，炸得坡土翻了一层，实是可怕。守方留下遍山残尸碎骸，仍旧从厚载门撤退出去。煤山大战于是结束，两军共死伤二万余人，受灾难民二万七千余人。刘文辉现在已腾出手来，要迎战东路的劲敌老侄刘湘了。

奈何刘湘深谙后发制人之妙，迟迟不来，只让代理人牵制刘文辉，使他毛焦火辣，怪不自在。

代理人之一为二十八军邓锡侯，须先锄之。1933年5月，刘文辉欲诱捕邓锡侯。邓锡侯人称水晶猴子，事前逃往新都，那是他的防区。当时是防区制，川省划成若干防区，军阀都在自己驻防区内实行军政独裁，就像晚唐的节度使，不受朝廷辖制，俨然小国之君。

6月6日，刘湘以自己的二十一军为核心，收拢邓锡

侯、杨森、田颂尧、李家钰、罗泽周诸军旅，组成安川军，共讨刘文辉。"安川之战"至此方才正式展开。受联军之威胁，多宝道人刘文辉退出成都，撤往岷江一线。在此遭遇围袭，惨败求饶，率其残部逃到雅安，舐伤疗痛去了。

1934年11月，刘湘终于取代刘文辉统一四川，结束防区制，任四川省主席。这两叔侄日后结局迥异。幺叔虽败，从此韬光养晦，总算又当了西康省主席，仍割据一方。又贩卖鸦片养军队，蒋介石也拿他没法。且与延安搭上关系，电台暗通。最后见机而作，宣布起义，荣任中央人民政府林业部长，优游颐养。晚年交代自己"外惧清议，内愧神明"，博得毛泽东的表扬，上寿善终。他的爱将匪头子石肇武，"二刘之战"另投新主，仍当旅长，安居鼓楼南街豪宅。由于匪性难改，绑架奸污民女，被判砍头之刑。成都人添一条歇后语：石肇武的脑壳——宰了。石宅后来是市政府所在，园苑台榭依然，令人想起其人生前种种作恶，也就难免"骨朽人间骂未消"了。至于刘湘老侄，胜是胜

◆ 刘湘曾任重庆大学校长，并非一介武夫。右边为刘湘手迹，书法也还过得去。（上）
◆ 老成都水上运输是条重要途径。邮局也通过水上运输，递信件包裹，水上邮务十分繁忙。（右上）
◆ 担任西康省主席的刘文辉及家人的合影（右下）

了，不几年就病死在武汉了，舆尸而返。家属和老部下大修墓园，葬在刘皇叔的近侧，以续其生前之大梦，最后被红卫兵掘墓毁尸。昔年盐市口广场上高耸铜像，无非又添一条歇后语：盐市口的铜人——流相（刘湘）。流指下流，骂人用之。比较叔侄二人，总想起《庄子》上的泥龟与牺牛的寓言，悟到所谓得失荣辱，还应放眼长看才是。

若用历史眼光比较古今，审视以"二刘"为首的一伙四川军阀，其争斗之凶残，其捭阖之奸险，其见识之浅陋，其兴亡之迅速，极似晚唐前蜀王建为首的一帮枭雄。予闲读《蜀梼杌》，发现其极似处，惊叹不已。那帮枭雄也算是"老成都"的过客。观今不妨鉴古，请出来看看吧。

话说晚唐政治腐败，宦官弄权，民不聊生，黄巢造反，天子出逃，全国大乱。各级政权崩解，大小官员星散。此时下层民众中的穴虎潭龙，正好翻身放野，腾体飞天。咱们这些武棒槌儿，被尔等峨冠博带贱视多年，看今日轮到咱大老粗登台露脸。出场来，横眉鼓眼宽额突腮一莽汉，河南许州人，祖辈父辈打饼摆摊，姓王名建字光图。王建做盗贼，坐过牢，弟兄排行老八，乡邻叫他"贼王八"。生于唐宣宗大中元年（847年），属兔。听见童谣唱"兔子上金床"，王建心中窃喜。参军表现狠勇，升任都头。闻说长安沦陷，僖宗出逃陕南，他便奔去保驾。得上信任，皇帝玉玺交给他管。南逃到大散关，栈道被敌放火，熊熊燃烧。王建掖挟僖宗，冲过烈焰。夜宿坡下，僖宗枕王建膝而眠。

不久，长安光复，僖宗返驾。王建入蜀，招募匪类八千，杀阆中杨刺史，自称刺史。趁势联络别军，合五万之众，欲攻打成都。西川节度使陈敬瑄恐惧，派军队去德

◆ 军阀乱战时期的成都地方武装——练勇。（上）
◆ 兵大爷派头十足，连枪都不愿自己背。这样的军队战斗力可想而知。（下）

◆ 成都王建墓墓门鎏金铜铺首（左）
◆ 四川灌县的岷江索桥和二王庙（下）
◆ 拥挤繁忙的成都水码头。河并不宽，但交通工具不发达的年代，人们很依赖于水运。（右下）

阳北面三十八里的鹿头关阻击。王建破关猛进，拔绵竹，陷汉州，一直打到成都北面十里的学射山（今凤凰山）和新繁南面的蚕丛（今大丰镇）。又派义子王宗涤打下成都北面十五里的星宿山寨（在今磨盘山上），进攻七里亭（今驷马桥），直接威胁成都。

王建带兵诀窍之一，就是广收义子，他做爸爸。这是从经验中得来的，他自己参军后能爬上去，也是由于拜军容使田令孜做爸爸。军容使全名观军容使，皇帝委派宦官担任，亦即监军，为军中的头号首长。西川节度使陈敬瑄请田令孜登上西北门城楼喊话，责备王建不该造反。王建剃光头，跪在西北门桥，喊话回答："爸爸，官方疑心我，走投无路了。儿给爸爸告辞，让儿做贼去吧。"于是急攻成都。三日不下，王建退驻汉州。节度使陈敬瑄向朝廷控告王建造反。朝廷鞭短打不着，只好和稀泥，派人来调解。

唐僖宗文德元年（888年），王建又攻成都。守军出击，"大战三郊"。双方在北郊、东郊、西郊阵地作战。相持两月，守军退败入城。第二年陈敬瑄派眉山刺史山行章带兵五万驻新繁，被王建打垮，俘虏万余人，弃尸四十里。王建反而向朝廷诬告陈敬瑄，并要求朝廷把邛、蜀、黎、雅四个州划给他，让他当永平军节度使。第三年也就是唐昭宗大顺元年（890年），王建围困成都，同时招降纳叛，使简、资、嘉、戎、雅、蜀六州一一易帜，归顺于他。这年深秋，王建估计蛮有把握拿下成都，进而吃掉全川，独立称帝，已不需要利用朝廷特任的最高行政首长韦昭度，便逼他走。韦犹豫不愿走，王就叫士兵捕捉他下面的办事员骆保和仆人保禄，大锅煮熟，分而食之。韦昭度哪见过这种章法，赶快移交兵符官印，当天走人。

　　这一年是公元890年。整整一千年后，1890年，刘湘出生，算是巧合。不过，王建的"三郊之战"，刘湘的"安川之战"，都在同一地方打仗，先后辉映，令人印象深刻。尤可异者，王建围困成都，即将吃掉全川，称帝为王，正值四十三岁，刘湘打垮幺叔，即将统一全川，当省主席，也是四十三岁，毋乃太巧合耶？于右任曾叹道："江山代有英雄出，各苦生民数十年。"

　　这一年里，王建围城，成都大饥。从夏季起，断粮乏食。弃儿满街，无人认领。百姓冒险，缒城墙，钻水洞，出城买米。

　　王建围困成都的第二年（891年）初夏，加紧攻城。成都易守难攻，王建严密围困，截断粮道，以饥饿为武器，瓦解守军斗志，涣散城内民心，实为厉害一着。又派狗屠王鹞混入城内，传播流言，美化王建"英明武勇，兵强

◆ 王建墓内王建塑像，广额突睛，身材粗壮。（右）

◆ 成都西去百里外的青城山之朝阳洞旧影（下）

势盛"。同时，又派军官诈降，侦察城中虚实，回来禀告。这个军官姓郑名渥，侦察有功，升为都指挥使，收为义子，改姓王名宗渥。王建选拔将领就用此法。义子数十人，皆以王宗□称之。

这年仲秋，守城的军容使田令孜和西川节度使陈敬瑄投降。攻城时，王建鼓动士气说："成都是锦花城。打下来了，金帛女子，任随你们享用。"一旦入城，先叫猛将张勍任斩砍使。士兵犯规有百余人，当街椎胸处死，积尸成丘。军民呼"张打胸"，皆不敢犯。两个降官，"爸爸"田令孜狱中被饿死，陈敬瑄新津被诬杀。不久，王建去大慈寺谒拜僖宗皇帝宝像。那是当年逃蜀避乱，画在寺壁上的，旁边还有文武官员肖像。王建问为啥画中不见田陈二人。"抗拒王师，"寺僧回禀，"前几日涂抹了。"王建说："我哪是与画为敌呢。重新补画。"百余年后，苏轼游大慈

寺，还见过僖宗和文武从官七十五人壁画。

唐昭宗天复三年（903年），王建率义子王宗播、王宗涤、王宗浩等悍将北征陕南，意在扩张地盘。王宗播攻三泉，督镇士兵拼死猛攻，三泉遂破。军官秦承厚攻西县，箭穿左眼深入右眼，箭镞不能拔出。王建亲自吮脓，脓溃镞出。这是最低成本收买人心之法，战国名将吴起早就用过。"杀妻求将""贪而好色"的吴起都懂得这一套，"贼王八"不读史也懂得。

北征陕南，王宗涤功最大，军中威望又高，王建忌之。此时王建已封蜀王，正在修蜀王府大门。门楼红漆彩绘，成都百姓叫"画红楼"，竞趋观看。王建暗自恐慌，因为王宗涤原姓华名洪，门楼音近"华洪楼"。招来责骂时，王宗涤抗言："蜀国打下了，该杀功臣了。"当场宣布处分，流放松州（松潘）。翌日出城，密令缢死。成都街上罢市，兵营一片哭声。王建迷信谶语，与刘湘迷信刘神仙作法，古今呼应。王宗涤冤案，五年后平反。此时王建由蜀王升格为蜀国皇帝了，平反冤案有利于哄死鬼骗活人。

王建私心铭谢朱全忠哥们儿，若不是他在长安城弑掉了唐昭宗皇帝，咱在成都碍于名分，也不好称帝啊。成都平原，天生福地。从前扬州领先，富甲天下，史称"扬一益二"。数年之间，江东兵祸，庐舍烧光，百姓逃亡，江淮千里，路断人稀。西蜀偏僻，兵祸远不及扬州惨酷，诚如卢求《成都记序》所说："管弦歌舞之多，伎巧百工之富，扬（州）不足侔其半也。"至于长安，更不用说，黄巢早已烧杀一空，怎能与成都比。民国初年，四川军阀，在早有刘存厚，其后有刘文辉，以及刘湘等辈，皆无王建那样好的有利条件。他们做梦之时，中原已经一统，南北已经一

◆ 成都西郊杜甫草堂工部祠旧影。亭中的石桌所在处，如今竖起了"少陵草堂"石碑。(左)
◆ 成都平原风光，乡村景色。(下)
◆ 成都平原为农产最富之区。每年冬季农民修筑都江堰的堤堰和索桥，谓之岁修工程。(右下)

家，不过是"天下已治蜀未治"而已。

　　王建在蜀国当皇帝，依靠武力，利用文化。文化代表有三：一个道士，一个和尚，一个词人。道士杜光庭专门造祥瑞。巨人现身青城山，凤凰于飞万岁县（今开县境内），黄龙腾起嘉阳江（今乐山南），若干州县降甘露、见白鹿、见白雀等等，以及盐井冒出裸人说王建"为吾国土地主"，皆是杜光庭编造的。王建登极以后，年年祥瑞不绝，例如看见驺虞（熊猫）、看见麒麟、挖出铜牌上有"王建王元膺"字样，也多半是杜光庭的作品。王建给太子改名叫元膺，可见他也信。

　　和尚贯休从中原到成都来献诗："一瓶一钵垂垂老，千水千山得得来。"王建尊贯休为禅月国师，听他在大慈寺讲经说法，赐住金绳禅院（今簸箕街六中校园）。贯休在成都主持佛教十二年，圆寂后骨灰葬升仙塔，其地应在

今驷马桥。

　　词人韦庄，唐朝宰相韦见素之孙，给王建出点子，教其谦让推辞再三表示不敢当皇帝。然后又领着官员百姓哭三日，坚决拥护王建登极。最后推辞不了，才不得不即位。"贼王八"虽狡诈，对士人却优待。从龙的武棒槌儿不高兴，王建教导说："从前我掌神策军，夜宿宫禁，看见唐天子夜间召学士，情亲礼厚，如待挚友，比待将相更为优渥。"即位的第二年，王建登楼，有僧人挖眼球献上。王建叫赏饭寺僧一万人。唐朝大臣张浚之子，翰林学士张格，当场谏言："小人无故自残，不宜鼓励，败坏风俗。"王建从谏，乃止。后来又把编写国史《实录》的重任交给张格。王建在位十二年，"制度号令，刑政礼乐，皆（韦）庄所定"。韦庄有《浣花集》二十卷。家住花林坊，在浣花溪上，邻近杜甫草堂。

◆ 1911年春，成都二仙庵外，
花市与鸟市热闹非凡。（上）
◆ 成都武侯祠一角（下）

隋唐以来，成都大城之内又筑小城，小城又叫子城，杜诗所谓"层城"是也。王建登极，子城改为皇城，比今皇城大出许多。王建皇城之内又筑宫城，这相当于今之皇城。王建的宫城即后来的皇城，与三国刘备不相干。刘备即位在武担山之南，皇宫可能在青龙街一带。皇城之名始于王建。王建皇城有七道门，名虽存而实地不可考。

前蜀毕竟是个痞子政权，很难长久。当初靠义子卖命打江山，政权到手后，七拱八翘的事件就多起来了。最棘手的是接班人问题，气得王建大哭。先是养子王宗佶想当接班人。王建考虑到王宗佶创业功多，就特许了。接着他又上书，要求立为太子（他是那十一个弟弟的哥哥）。结果被撤帅职，心中愤恨，暗招勇士，阴谋不轨。一日进宫奏事，态度傲慢，言辞悖谬。王建叫他出去，见他不走，下令卫士当场乱刀砍死。

一波平，二波起。说那真太子元膺，猪嘴龅牙斜眼睛，喜欢到戏班子混玩，通夜不睡。人又绝顶机灵，射技极精，能中钱孔。七夕，王建准备出游，男宠唐袭跑来告发太子欲搞政变。王建叫唐袭带兵来防守。唐袭出宫，急去兵营，途中中箭落马被杀。王建调兵入宫平叛，太子贴身卫队逃散。此时，支持太子的大将徐瑶在宫中也战死了。太子恐惧，逃到摩诃池上，只身藏匿游船舱中。翌日饿出索食。船夫报告，王建派王宗翰前去稳住太子。赶到池边，太子已经被卫士杀了。王建大哭，恨亲生儿子不争气，气得头昏眼花。

王建在位十二年，严刑苛法，搜刮无餍。痢疾疼痛，日坐软垫。七十二岁病死。江山传给王衍。王衍爱写艳体诗，蜀人传诵。又爱便衣出游，逛酒楼，宿娼家，题壁

"王一来"。其胡作非为甚多。又极狂妄无知，亲自带兵北伐。一触即垮，逃回成都。唐庄宗派大军来征讨，王衍投降被杀，前蜀遂亡。王衍在位仅七年，加上王建在位十二年，前蜀总共不到二十年。

王建墓在哪里？北宋孙朝隐《永庆院记》云："武担山循城而西，前蜀王君光图之墓也。"当时武担山还在北城外。从武担山顺着城墙向西走去就是。南宋陆游题诗，写明"陵在大西门外不及一里"。根据上面两条线索，不难找到。明清以来，竟迷失了。巍然高丘，误传为诸葛亮抚琴台。多亏抗日战争挖防空洞，碰巧发现。可知英雄也好，痞子也好，皆是匆匆过客。哪怕你红得发紫，也将被人遗忘。当皇帝的尚且受到如此待遇，何况那些萤火般一闪即灭的四川军阀。现在的小青年，有几个还记得他们的姓名呢？

◆ 王建墓内景（下）
◆ 军阀混战的年代，随处可见荷枪实弹的大兵。这些人老百姓都惹不起，所以他们敢为所欲为。（右上）
◆ 1911年秋，城墙上看少城。少城，即大城里的"小城"，或叫内城。清康熙年间，它是满蒙骑兵的居住地。这里房屋密集，街容整洁，环境清静。图为城西将军衙门一带的街区一角。（右下）

老成者

芙蓉秋梦

第三章

龙战震天怜惨酷

◆ 20世纪40年代成都街市和人群（上）
◆ 1923年的成都街景，忙碌、热闹。（下）
◆ 20世纪40年代成都市民（右下）

1933年春，我家从忠烈祠南街迁往上北打金街良医巷。本名晾衣巷，窄窄一死巷，便于晾晒衣物。嫌巷名不雅，改成良医巷。正如北京劈柴胡同改成辟才胡同，花子胡同改成花枝胡同。

良医巷进去，左边高墙，右边三座院子，前面无路可通。中间那座院子，主人姓余，在重庆当警察局局长。我家姓佘，迁入余家院子，仍是租房居住。余佘二字易混，邮件往往投错。

在这座安静的院子一角，母亲生下敏妹，而我已两岁了。

敏妹生来双目闭合，父母以为是个瞎妹，心忧之。满两月忽睁眼，乃大喜。家父早已关闭太平街香烟店，改行到玉皇观街绵阳师管区去受训。那是一个什么训练班，记不清。毕业学员影册精装，印有各届同学相片，注明籍贯

住址。校长王缵绪，大相片在最前面。毕业出来，可觅得与军务有关的文职工作。家父去受训，正为此，也免得母亲说他"狗屎做鞭——文（闻）不得也武（舞）不得"。家父受训时，常有野营课，他们都叫"打野外"，包括打靶、布防、筑垒、攻坚等等。野营地点在外北凤凰山。读史方知，早在千年前，此山就名学射山，供演武射靶之用。"打野外"至少一周之久，届时母亲独自在家，一边照看我，一边理家务，暇时还要读书看报。襁褓中的敏妹，雇奶妈带。

我常摇摇摆摆跑出大门去看街街，让母亲担惊受怕。当时成都街上，传说有"麻脸子"麻昏小娃娃，还有"拍花子"拍走小娃娃，都骗去塞在泡菜坛子里，只露出头来吃饭，养大成侏儒，巡回展览卖钱。我摇摆到巷口，右边一家中药铺，有抓药先生爱我，抱上黑漆柜台逗玩。怎知他有疥疮，惹我也一身痒，红点胀脓，由胯而腋。母亲坐黄包车到鼓楼北二街，她最信任的庚鼎药房，照着仿单买药，给我搽抹。有一种如意膏，盛在三角形的金属盒子内。我爱那个盒子，总想快些把药搽完，就归我了。搽了七八年，疥疮搽好又搽别的疮，直到迁移金堂县城老家，仍未搽完。

我满三岁时，闹过大笑话。一日看街街遇卖糖的货郎挑着担子，停在巷口街沿。担子上插满饧糖吹制的彩色猴子、猫、鼠等，引我入迷，跟着担子，走走停停，竟愈走愈远。母亲找不到我，顿生恐惧。房主佘家指点，央求打更匠，循着打金街一直向南，抵丝棉街，沿路鸣锣通报，谁人找到有赏。这就是《庄子》的"拊建鼓求亡子"。昔打鼓，今敲锣。母亲同时雇人附近街巷遍找，金玉街、江

◆ 街上的一切新奇的物事，最能引起小孩们的专注。这是捏面人的小摊前，小脑袋仰起，流连忘返。（上）
◆ 20年代，成都走街串巷卖灯芯的人。背负毡褥，难免餐风宿露。（下）

南馆街、大科甲巷、春熙路、湖广馆街、王道正直街、棉花街处处不见踪影。闹了大半日，恐怕被拐子抱出城去了。殊不料城守东大街街沿上忽然发现了我，眼痴痴仍盯住糖担子，正在嘬吸指头，完全进入忘我状态。今思之，是那个打更匠预先在今红星路三段和四段提高我的知名度，因为他沿街鸣锣时，不但亮嗓通报我的性别、年龄、相貌、衣着、住址，还提及本人的姓名，而且"响当当"伴奏。至于红星路二段，老来居住多年，修单车的老叟，守厕所的太婆，都知吾乃"著名诗人"。看来红星路普希金我做定了。

父母善处邻居，从不背后说人。房主佘家相处融洽，佘家老二不过二十多岁，已是个胡天胡地的大玩家了。此非父母对我说的，传闻另有来源。

这位耍公爷也是成都人，不妨细说之。他耍得很讲

◆ 棉花加工——弹棉花。此行业今已罕见。（左上）
◆ 清末民初在城市中走街串巷的小商贩，他们挑着货担，内装各种与百姓日常生活有关的小商品、小食品，并用各种方法，如吆喝、摇小货郎鼓等招引顾客。（左下）
◆ 成都平原，近处大片的油菜花。远处山脉连绵。成都平原乡村农家初夏收割油菜籽。割置田间，搬到场地，以梿枷打之。然后开田放水，还能栽一茬晚稻。一年到头，田未闲过，农夫苦啊。（下）

究，赌麻将牌，东南西北四风转完一局，就得另换一副新麻将牌，旧的（其实崭新）烧毁。打一手好弹子，姿势优美，赌注巨大。喂猴子玩，专人饲养。高价买一把七子枪，玩出好枪法。成都玩厌了，下重庆去嫖，把一名高级台姬带回成都来，痴迷何深。重庆院妈妈来要人，跪地陈情："佘二少爷，我们也要吃饭呀！"他才发扬风格，慷慨放她回去营业。最擅长的是票川戏旦角，唱功好，眉目颦笑尤媚，胜过专业女角。年轻男子票旦角，在当时可算是"第一个吃螃蟹"的人，人多不齿。佘二少爷全不顾，他想怎样就怎样。又在家中提前上演《雷雨》（曹禺当时尚未想到要写这个故事），同他的小妈有隐情。总之"玩的就是心跳"，非王朔辈所能想象。这样玩下去，家道必中落。20世纪50年代之初，困窘不堪，由名记者车辐介绍他去德阳投靠张惠霞的班子唱旦角。老成都，这也是老成都。

◆ 1935年，在成都参加华西协和大学毕业典礼的蒋介石夫妇。

良医巷住满两年后，母亲说："一晃就是一个月，又要交房租二十块银圆！"父亲说："那就回金堂县老家去。房子现成的，不花一文房租钱，物价又便宜。"加之当时红军长征，报刊上说要打成都，不少家庭迁往县城，躲避战火。更重要的是长达十年的防区制将结束，驻防金堂的杨秀春部队已定于1935年4月撤离，再不来催款了，家父也不必东藏西躲了。所以就在部队撤离时，一家四口坐黄包车回到金堂县城槐树街19号余家大院，不做成都人了。

多年以后，回忆旅途，母亲说："出北门，上大桥。簸箕街走完，过了迎恩楼，眼睛忽然一亮，满坝金黄菜花。八十八里，走了一天。一路尽是菜花晃眼，想睡。"

金堂县城（今成都市青白江区城厢镇）不大。东南西北四街，对着四座城门。小巷比正街多，弯拐狭窄，又短。

◆ 旧时金堂县为有钱人、外国人做护卫工作的人，类似于保镖。（上）

◆ 这幅画像砖宴饮图，使我们有充足的理由判断成都人享乐好饮之风实在是沿袭已久。（下）

◆ 老成都人家的庭院，正在晾晒东西。（右下）

当时已有初级中学一所，小学三所。公园荷塘柳堤，小巧可喜。茶馆近三十家，逢场之日爆满。槐树街是一条小巷，靠近西门。巷内很清静，仅有大院三，小院五，菜园一，而无商店。夜间闹鬼，晚归者持火把，高唱川戏而行。

　　余家大院建于清代道光二十八年（1848年）。堂屋门匾"国恩家庆"落款此年，可证。高曾祖余纯笏亦于此年从外北甘泉乡（今青白江区大同镇）大小寺余家老院迁入此院。院墙内植槐树五株，夏日荫门，招栖啼鸟，冬日叶落，引集寒鸦。高曾祖娶两妻生有四子：克桂，克铨，克铃，克镂。堂屋正壁"四兴堂"匾指此四子。匾上写明咸丰二年，正是此年分成四房，各房独立，不再开大锅饭。曾祖余克铨同治四年（1865年）中二甲进士，当过广汉县官。祖父余著卿辛亥年参与组织本县反满的同志军，他是袍哥大爷。我曾见过他，面相倔，胡须翘，人瘦。时值抗

日战争，日本飞机空袭，家中唯有他，绝不跑警报，总说生死有命。1940年秋病故，七十三岁。

金堂县城位于成都正东，直线距离仅七十里。日本飞机来炸成都，一般都要飞越金堂上空。县人抬头，可数飞机有多少架。所以金堂鸣警报器，总比成都要早几分钟。成都挨炸，若是夜袭，金堂城外可闻爆声，焰光映红西方天宇，仿佛邻村失火。至今回想，景象清晰，如昨日事。

查阅民国史料，方知抗日战争八年，日本军机炸我成都二十二次，伤同胞二千零二十八人，死同胞一千三百九十人。当时我在幼年，其景象难忘者有三次，分述之。

首次在1939年6月11日。下午，小学还在上课，县政府铁塔上已摇响警报器，悠悠长鸣，全城皆闻。这是预行警报，告知民众，敌机已从武汉起飞，可能入川。小学生

◆ 成都平原农村，秋收后挖板田，妇女协助剔除稻根。（下）
◆ 民国初期的成都金堂县郊外风光（右上）
◆ 清末民初，成都少年儿童盛行下裤裆棋（棋盘画地作裤裆形），以较胜负。此四少年衣衫鞋帽较规整，质料也不低劣，似为富绅家庭中的孩童，其中稍大的少年无冠而蓄辫子。（右下）

提前放学。我们同平时一样，分街区排二路纵队，整齐有序走回家去。回槐树街家中不久，警报又响了，一长声两短声不断重复。这是空袭警报，告知民众，敌机已越重庆上空，可能飞向我们这里。

读小学二年级的我感到兴奋，不识恐惧为何物，急去前院坝，等着看热闹。余家长辈以及同辈多人，还有异姓邻居，都来前院敞房引颈企望，全无慌乱之状，更无人跑警报。却有人自告奋勇，跑去西街县政府对门电话局打听消息。电信设施那时落后，全靠长途电话通报敌机动态，据此以发警报。去的人很快跑回来说："飞过遂宁了！"大家又七嘴八舌，说些我听不懂也记不得的高见，现场十分嘈嘈。不知过了多久，有人叫小声些，侧耳侦听空中。又有人喊："小娃儿不准闹！"此时遥闻隆隆有声，来自天空，由远而近。同时听见紧急警报，短声凄厉，不断重复。前院一下就寂静了。当时现场有堂兄余勋铭的九姨爹韩梦麟，他是南京中央大学毕业，同九姨妈一起从成都到这里来躲警报。金堂人和成都人一样，把防空疏散迁居外地叫作躲警报，而把警报响了跑出城去叫作跑警报，一躲一跑，决不混同。韩梦麟叫穿白衫的不要站在院坝中间，他有防空常识。

敌机从正东方缓缓飞来，很高。隆隆威胁之声，仿佛九头鸟恐怖的号哭。飞机三架一组，排成品字。二十七架九组，九个品字。九个品字在天空顶上缀成一个怪异的"W"。韩梦麟指点说："一个飞行大队。"敌机越过天顶，我们转身向后仰望，"W"就变成"M"了。敌机正向西方缓缓飞去，前面就是成都。隔房的大婶晚年回忆说："飞机飞到槐树顶上，忽然排成一字，横成一条长杠，韩梦麟的脸色一下就吓白了。"排成横杠一字，是要丢炸弹了。敌机飞临成都上空，根据准确记载，是在下午七点二十分。那时成都用的是地方时，相当于现在的北京时间晚上八点二十五分。虽然在六月份，算来也该是暮色苍茫了。

敌机愈飞愈远，看不见了。几分钟后，西方隐隐约约传来轰炸之声，地面震动。此次成都被炸种种惨状，都是事后传闻，未必皆确。被炸毁严重的有东大街、盐市口、染房街、东御街、西顺城街、南大街、东丁字街、西丁字街、九龙巷、孟家巷、半边街等处。成都街巷房屋系木结构，被炸燃烧，立刻蔓延，焚毁大片房屋。火势灼人，不可向迩，扑灭甚难。城内多处烈焰腾空，黄昏烧到半夜。新都新繁两县，南眺成都方向，红光照亮夜空，景象恐怖。翌日，市民走亲访友，慰伤悼亡，才看清楚昨夜破坏程度之烈。昨日繁华地，今日瓦砾场。断垣残梁，焦土烬柱。更有墙壁上溅脑髓，电杆上挂碎肉。不少遗体烧成炭黑，不可辨识。破席遮盖死者，随处皆是。南门大桥桥面落盖厚厚一层黑灰，因风吹落水面，犹成块状，漂流不散。

老年我读史料，方知当时军警和防护团，一俟轰炸停止，立即奔赴现场抢救，其间多有义士，事迹感人。军警不用说了，他们受过专业训练。防护团属民众组织，奋不顾身者同样多得很。男团员抬伤者去医治，女团员守医院做护理，皆悲愤而坚强，有劳累晕倒者，吐血者。华大、中大、金大、金女大、齐大联合组织的防护团，尤其表现突出，竟有不俟敌机停炸即去抢救，自身被炸伤，甚至炸死者。以昌圆法师为首的四川佛教会，预先办起僧侣救护训练班于文殊院，届时即加入防护团，普救伤痛。天主教徒救护队队长耿履中，率队员一百四十二人，在厚载门、

◆ 日军成都大轰炸，死伤不计
其数。（上）
◆ 1939年6月11日，日机空袭
后的成都，人们清理废墟。（下）

◆ 士兵们正在进行射击练习
（左上）
◆ 抗日战争中，四川国民革命
军军官。（左下）
◆ 当时中国空军并不发达，飞
机也不多，高射炮就成了"招
呼"日机的常规手段。这是在安
装配合高射炮使用的探照灯，除
了用于实战照明外，强光对敌机
也很有威慑作用。（右上）

西御河沿街、上升街、平安桥、青龙街一带，尽心竭力抢
救，救活了不少人。那时报纸杂志，并未一一表扬这些义
士，亦属正常，盖以"善欲人见，不是真善"之故。这些
义士应是成都人的中坚，代表了市民的道德水准。

这是首次大轰炸。我国空军虽弱，亦曾奋起空战，击
落敌机三架，不可不书。

二次在1940年10月某日，祖父余著卿去世不久。刚
吃完夜饭，警报就响了。母亲带着两儿两女逃出西门，躲
在鹅项颈一片坟地上，旁边有竹林。觉得躲了很久，弟妹
已打瞌睡。到风凄露冷时，敌机数十架开始炸成都。先投
下一串串照明弹，挂在西天。倒影映在冬水田里，景象怪
异。这是月黑夜，看不见敌机，但闻爆炸之声断续传来。
成都那边很快燃起大火，映红半边天。火光也映红冬水田，
仿佛邻村失火，其实远在七十里外。半夜解除警报，西天
犹红亮着。

三次在1941年7月27日。我读小学四年级，快放暑

假了。大约刚上早晨第一堂课，警报响了，立即放学回家。此前已多次跑警报，成都人跑疲了，胆子也大起来，迟迟不跑。临到紧急警报，敌机大至，分四批，每批二十七架，共一百零八架，相继空袭成都，已经投弹了，才慌忙跑出门。这次死伤特别惨重，伤同胞九百零五人，死同胞六百九十八人，为二十二次空袭死伤之数目最多者。我那时在金堂，也随大人跑西门外去躲避。由于是在白天，成都方向未见火光，亦未遥闻爆炸之声。但是，对成都人说来，这一天却是烈火地狱的一场大恐怖。

　　成都人廖开藩，那时还是中央军校成都分校学生。他记得那是一个大晴天，他在西较场，看见敌机飞来了，才跑上新南门的城墙，躲入散兵坑。最先听见爆炸声从北较场军校校本部的方向传来，看见那边烟尘直冲云霄，高约一千公尺以上。又听见少城公园、南较场、西较场一带挨

◆ 倒塌建筑物的断瓦残垣下，还在冒着烟。（下）
◆ 日本飞机来袭，防空警报紧急拉响。（右）

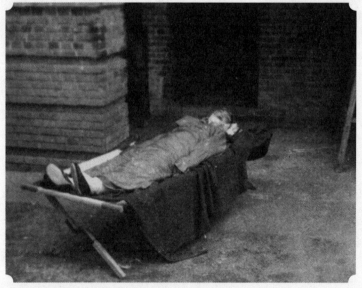

◆ 日机轰炸后，失去家园的
成都市民无助地坐在废墟之中。
（上）
◆ 华西协合大学内陈列着一具
遇难者遗体。（左）
◆ 轰炸中建筑坍塌，一尊人像
雕塑只剩下上半身，斜埋在瓦砾
堆里。（右）

炸。其震波之强猛，使他身体腾起一尺来高。接着是黑烟卷过来，从头顶上空倾泻下断砖破瓦和土渣，犹如阵雨。敌机飞走后，他从西较场侧门跑到祠堂街西口，此处四周房屋已经倒塌，未倒塌的屋瓦也震飞了。同胞死伤者触目皆是，男女老幼皆有。最怵目者一位孕妇已被炸死，腹中胎儿爆裂而出。又见不少残尸，头颅炸飞了的，四肢炸飞了的，都有。壁上屋上树上，搭着破皮碎肉，惨不忍睹。跑到祠堂街与金河街接合处，进入一座小花园，登上一幢小洋楼，见围桌有麻将牌局，三男伏在桌面上，一男倒在桌旁，另有三女也倒在各自的坐凳旁。七具尸体皆未见大出血，估计死于低空爆炸的榴霰弹，或因冲击波震裂神经而亡。小花园出来，到祠堂街少城公园大门外，见大街两边屋檐下，死者成堆。这里是出新西门的必经之路。一些市民拖到紧急警报之后才跑出门，扶老携幼，到这里时，

遇上人多路窄，互相拥挤，被敌机发现了，才炸死如此之多的。进入公园再看，檐下树下花下，也是死者成堆。廖开藩在他的回忆文章中说："这是日本侵略者对大后方和平居民的一次大屠杀，也是抗战八年成都人民生命财产所遭受的最惨重的损失，因此被称为'七二七日机空袭大惨案'。"

成都人邓铣，那时旅居四道街，从事手工纺织业。他记得七二七那天正在吃早饭，就发警报了。友人李谢两君，以及谢君的小女和徒弟，来邀他跑警报。他家人不愿意去，他就随从李谢两君，穿城墙缺口，去到三洞桥。谢女年幼，不能再走，留在三洞桥，由徒弟照料。此后，邓铣和李谢两君继续前行。上午十点前后，空袭警报之声大作，三人加快脚步。路经田角，坐一少妇，抱着婴儿喂奶。来到四座磨小溪边，一老翁偕一少妇一少女一小男孩，躲在田

◆ 驻守成都的抗日军队（左下）
◆ 被炸毁的民房旁，有一副棺木。人们只能仓促地对遇难的亲人尸体进行最简单的殡葬。（右）
◆ 中国军队依靠高射炮等简陋的武器，对抗空中来势汹汹的日本战机。（下）

◆ 很多精美的建筑被日机炸毁
（左）
◆ 政府发钱赈济川中饥民。有
兵丁在旁维持秩序。（下）
◆ 金陵大学从南京迁到成都华
西坝，国难当头，学子们很难安
下心来学习。（右下）

间。过小溪后，环坐此地躲空袭的有百余人，三人也暂躲于桤木树下。很快，紧急警报响了。邓铣仰视，看见敌机蜂拥而至，急忙匍匐地上。随即听见炸弹的啸声从头上掠过，落地爆炸就像天崩地裂，震耳欲聋。友人李君震入小溪。友人谢君和邓铣本人被震断的树枝覆盖了。邓铣右脚也被弹片擦伤。敌机去后，惊叫惨呼之声不绝于耳。邓铣和谢君推开身上压的树枝，急去溪边拉起全身湿透的李君。三人相见，仿佛一梦。惊魂甫定，见环坐此地的百余人，非死即伤。又见田间的老翁伏地不能起，臀部被弹片撕去一大块，直冒鲜血。相偕的少妇已死，少女重伤站立不住，小男孩双手受伤哭喊妈妈。老翁在卫生兵为他搽药时告知邓铣，他姓王，名滋泉，业中医，住家二道街8号。已死少妇是其儿媳。重伤少女是其女儿。小男孩是其孙。他托付说："请行行好，去我家邻里带个口信，请他们来抬

◆ 日本飞机轰炸下的中国城市。
下方小白花似的东西，是从高空
俯瞰到的炸弹爆炸后升起的烟雾。
（左）
◆ 人们在瓦砾中寻找东西。
（右）

我。"邓铣接受托付。三人循着原路，才走十余步，又见
一青年弹片穿脑，头上冒血，尚未断气。与此青年同行的
两妇女亦受伤，哭泣不止。过小桥，见三具尸体倒插入稻
田中。草丛中又见几具尸体。三人身后，尚有伤者七八人，
勉力扶掖而行。过四座磨以后，见田角喂奶的少妇已死，
婴儿亦死，伏在少妇胸怀，其状至惨。回到三洞桥，到处
塌屋倒柱，死尸堆积，抬担架者不绝于途。谢君找到徒
弟，见他面色惨白，问小女哪去了。徒弟回答说："我去
小解时，只听得轰一声，转来不见谢女，但见树枝上挂着
她的蓝底白花连衣裙和带血的破片。"谢君大恸，痛不欲
生。邓铣回到家中，见家人尚平安，即去二道街给王滋泉
的邻里报信。当天下午，他去少城公园，见"辛亥秋保路
死事纪念碑"碑座受损，光明电影院陈尸数十具，多属缺
头断臂，柳树下有几个带血的指头。来寻觅亲人遗体者络
绎不绝，已认尸者嘤嘤哭泣，一片凄惨景象。两天后，邓
铣去看望王滋泉一家，见他卧床疗伤，小孙泪眼汪汪。问

◆ 成都空军军士学校（左上）
◆ 老南门外成都空军军士学校学员步入大门（左下）
◆ 1940年6月17日，成都的中国医学院被日机轰炸，校舍遭到破坏。（下）

知王的女儿抬回家后，喊叫三日三夜，断气而亡。王家四口，两死两伤，欢乐的家就这样被日寇毁了。

族兄余光午，金堂县城人，常去成都玩。他记得七二七那天早晨在新南门外江上村喝茶。预行警报后，茶馆仍热闹。算命的张铁嘴进茶馆来，故作神秘说："今天有些人，嘿嘿，躲不脱呀！"意在揽顾客。光午兄同友人喝了茶，空袭警报响了。都是青年人，意气豪，绷胆大，同到竟成园雅间打麻将。才打半圈，紧急警报响了。停牌静坐，倾听敌机。直到听见远方有爆炸声传来了，才赶快向外跑。光午兄跑出竟成园，听见爆炸声逼近了，就在老南门那边。他便反方向跑，跑上新南门旧桥。爆炸声就像在背后追，急匍匐桥中间。待解除警报后，返回竟成园取雅间的衣物，方知雅间中弹，已被摧毁，麻将牌四处飞。又知张铁嘴也被炸死了。"文革"初光午兄被押回故乡来，

同作五类分子，他回忆说："这条命是捡来活的。"

　　1941年12月7日，"七二七大惨案"的五个月后，日寇偷袭美军珍珠港，太平洋战争爆发。此后，日本海军和空军倾全力对付英美盟军，犹感支绌，哪有能力持续轰炸我大后方。于是成都民众稍安袵席，接连两年不挨大轰炸了。到1944年，为配合盟军大反攻，在四川赶修机场九个。其中就有广汉机场，那是重型轰炸机场，南距成都四十五公里。绵阳专署所属各县民工数万，麋聚在广汉县城外到三水镇外六公里长的工地上，昼夜赶工，铁定于六月份完成。到五月初，工程紧急，中学生也得去工地支援。我那时读金堂私立崇正初级中学一期，十三岁，也由本校罗致和老师带队，去修机场一个星期。我和本校同学们编成队，身着土黄布的童子军装，脚穿草鞋，腰悬搪瓷饭碗，从金堂县城徒步到广汉县三水镇，住在黑神庙正殿上。黑

◆ 位于成都的美国抗日空军基地，成千上万的中国民众正在抢修机场。（下）

◆ 四川农夫在抗战中修军用飞机场，拉石磙压跑道。（上）
◆ 1944年，正在制作美国小国旗的成都匠人。（下）

◆ 抗战时期的成都童子军。当时初中生和高小生都参加童子军，受少年训练。（左）
◆ 抗战中四川的娃娃兵（下）

神炯炯目光之下，正殿上密排着许多方桌，每桌挤睡两位同学。我怕黑神目光，移睡方桌底下地上，亦甚好玩。时届孟夏，蚊虫叮咬，扰人安眠。点燃药蚊烟，呛得人咳嗽。翌日黎明即起，卷收草席被盖，围桌快吃早饭。饭后集合，排队出发。同学们高唱着《中国童子军歌》，步伐整齐，走到镇外机场工地。平野一望，地阔天高，民工如蚁，为童年所未见。

此时广汉机场工程已奏尾声。远远近近停泊许多C17运输机和B-29重型轰炸机，映日闪射银光。跑道边上码砌炸弹和空油桶，如山字墙。敞篷吉普车在机场内跑来跑去，车上飘着黄旗，为起降的飞机引路。还看见一架运输机正在卸货，腹舱打开，开出来一辆辆十轮大卡车，又开出坦克来，令我惊奇难忘。这个广汉机场乃是二战盟军在四川最大的一个轰炸机机场，是那时世界上最巨型的飞机B-29的基地，在国际电讯中被称为观音堂空军基地，为欧美报刊读者所熟稔。B-29的B是Bomb（轰炸）的字头。29是型号。B-29俗名Super Fort In Air（超级空中堡垒），雄伟瘦长，四个螺旋桨，腹下背上皆有旋转炮塔，头尾皆有机枪，载重七十五吨，能续航十二小时。若从成都平原飞到日本本土，单程需四小时，来回需八小时。B-29有充足的能力从成都平原起飞，直捣日本本土，然后又飞回来。这就是为什么要昼夜赶修，动员民工数万，征及学童的我辈了。

我们这些学童被领到金堂县民工总队。总队部设在施工现场一间草棚内。总队长由县长刘仲宣担任，下属十个大队。大队长由区长担任，下属若干中队。中队长由乡长担任，下属若干分队。分队长由保长担任，负责监工，收方，管理民工食宿，被谑呼为"泥巴官"。本校同学承修机场最后一条跑道上的短短一段，石灰白线划定范围，任务之重不下民工。我们先是填平地基，夯实，然后在地面上密砌卵石。卵石要用六寸长的，尖头必须向上直立。砌成横排，不得参差错落。上面铺土，灌黄泥浆，覆盖河沙。上面又密砌第二层卵石，又铺土，灌浆，盖沙。上面再密砌第三层卵石，再铺土，灌浆，盖沙。如此三层，用石礅压紧密，厚一公尺，方能承受B-29重型轰炸机之降落。每筑一层，"泥巴官"都要用竹尺比。厚度未达标的一律返工，毫不通融。我瘦小，挖土担石不行，就砌卵石。戴着草帽，上午还不太热，下午穿腰太阳晒脱我一层皮，晒晕，晒起"火眼"。一个星期满了回家，又黑又瘦，青狗已认不出是我了，扑来吠咬。

就是砌卵石，也绝不轻松。先是蹲着砌，砌直，捶紧。

◆ 这是修建广汉机场时，有人驾着骡车搬运物料。（上）

◆ 新津机场修建时的情景（下）

◆ 成都新津机场建设时的露天厨房（上、下）

蹲久吃不消，膝头触搁地，后来干脆下跪。跪地移膝，膝头磨烂生疮。手握卵石，指头摩擦起泡。泡破，嫩肉露出，不能再握，便用掌捧。我还和同学们去伙着民工拉石磙，吼着号子。有美国兵向我们跷拇指。我们也向他跷拇指，回答"Mister顶好"。这是老师教的礼节。

中午在工地上蹲着吃饭。伙食同民工一样，糙米饭有稻壳和稗子。米汤泛红，气味难闻。菜是盐渍萝卜丝，撒些辣椒粉，不见一星油。当时大家都苦，县长也在现场吃饭。县长太太脸麻，来尽义务，卖大头菜和豆腐乳，还卖盐供民工泡菜用。工地旁有摆摊小贩卖锅魁饼、油炸糕、凉粉、米粑，可买吃以补充膳食之不足。唯民工皆农夫，大多无钱买吃，思之令人泪涌。也就是这样的蜀国农夫，靠双手和两肩，不到半年便修筑成当时地球上最大的飞机场，使我盟军能从大后方越高空而直捣日寇老巢，加

速其灭亡，为我国家跻身五强，立了大功。当时《纽约时报》社论有云："中国农夫业已完成一不可能之工作，俾使巨大铁鸟可以起飞，远征敌国（日本）各大城市。彼等曾以不可思议之速度，胼手胝脚，尽心竭力，完此巨业。中国，太平洋，甚至全世界之前途，均操诸此群农夫之手中。吾人毋庸悲观也。"

广汉机场修筑工程进行期间，敌机数次来袭，炸些坑坑，旋即填平，不足为患。一次目击盟军野马式战斗机升空迎战，打落敌机一架，落在金堂赵镇菜子坝。有同学去现场拾残片，送我碎铝一块，留作纪念。另一次是机场竣工后，1944 年 10 月 29 日，放学后发空袭警报。我背起书包离校时，听见天空有低沉的噗噗声，抬头瞥见一架飞机，状甚诡怪，竟是双身，形似罗马数字的 II，前有一头，左右各有一螺旋桨，全身灰黑，速度很快，一掠而过。入夜，

◆ 机场建设全民上阵，小孩们因人小力弱，就两人一组抬石块。（左下）
◆ 妇女们也踊跃参加机场的建设，在河滩上把大卵石砸成均匀的小石块，以方便铺设跑道。（右二）

四川江口夹槭场完工摄影留念33.5

CIGARETTES

ARE A BALANCED
BLEND OF THE FINEST
AROMATIC CHINESE
TOBACCO AND THE
CHOICEST OF SEVERAL
NANHUNG VARIETIES
BLENDED IN THE
CORRECT PROPORTION
TO BRING OUT THE
FINER QUALITIES
OF EACH TOBACCO

CIGARETTES

HUNG GHEI TOBACCO

黑寡母女

◆ 成都邛崃机场竣工时，参与
建设的劳动者们的合影。摄于
1944年5月15日。（左上）
◆ 新津机场修建时火热的场面。
长长的人龙，除少量人力车外，
运送沙石基本上都是依靠肩挑。
（左下）
◆ 1945年，成都弘集烟厂生产
"黑寡妇"香烟。此为香烟盒图
案。"黑寡妇"为"二战"美军最
新式攻击机，机上有雷达瞄准之
火力，打落日寇战机不少。英文
名"Black Widow"，直译为"黑
寡妇"，实为一种毒蜘蛛的名字。
当时川西民间叫"黑寡母（儿）"，
无人不知此机厉害。（上）

紧急警报，遥闻敌轰炸机隆隆而至。又见夜空一串亮点若
省略号，一掠而过，知道这是空战机枪连射。不知过了多
久，忽见天空一团火向下坠，还听见轻微的砰砰声。翌日
全县报捷，敌轰炸机一架昨夜被那双身怪机打落，坠毁于
金堂龙王场乡下。残机燃烧大火，把菜园地的萝卜烘熟了。
我随即也长了知识，知道双身怪机译名"黑寡妇"，是一
种毒蜘蛛的俗名。这种战机头部装有雷达，黑夜也能瞄准
敌机，优越无比。

终生难忘的是B-29重型轰炸机远炸日本钢铁重镇八幡
市。1944年6月16日，机场刚刚竣工。早晨枕上半醒，已
听见载弹的B-29一架紧接一架，连续起飞升空（金堂县
城距广汉机场不足八公里）。隆隆声若天上推大磨，闷吼
整个早晨，直到早饭都吃过了，方归寂静。算来该有上百
架吧。四川共有四个重型轰炸机场，各起飞百余架，合编
一起，五百架炸八幡，彻底摧毁日寇钢铁工业，使之不能
继续生产武器，促其灭亡。少年的我，那天做了历史见证。

下午，远炸任务完成，B-29机群飞回来时，七零八落，不成编队，可知经历一场恶战。我站在院坝中，目睹多架B-29负伤飞回来，有打坏一个螺旋桨的，有打坏两个螺旋桨的，还有打坏三个，只靠一个螺旋桨飞回来的。竟然还有翅膀打穿洞，洞大如圆桌面的，令我肃然敬仰。

少年天真，当时竟未想过还有再也飞不回来的，已葬身太平洋鱼腹中了。多年之后，头发花白，有幸在菲律宾马尼拉南郊凭吊"二战"美军坟场，见纪念厅壁上绘有"二战"地图一幅，宽高丈余。地图绘我秋海棠叶，叶之内陆西部牵出一红箭头，向东越海，直刺日本。不看英文说明，也能懂得那是图示B-29从成都平原起飞，远炸日本八幡，乃至东京。红箭起点该是四川四个重型轰炸机场，其一我曾修过。想到这里，泪忽湿睫。

八年抗日战争，四川人贡献大。财力物力不说了，壮丁百万上战场，哪一省能比？成都老东门，东大街街心，1944年7月落成的无名英雄铜像，看他竹笠草鞋，正是川军写照。此时抗日作战已满七年，盟军在欧洲登陆，同苏联红军配合作战，东西两面夹攻纳粹德国，节节取胜。太平洋战场上，盟军反攻，跳岛作战，逼近日寇本土。

虽说胜利在望，到1945年，成都人的处境倒更苦了。第一个可怕的早已不是敌机轰炸，而是物价飞涨。大到食米、菜油、布匹、百货，小到汽车票、电影票，价格一齐失控飙升。照顾城市贫民，政府凭户口册子供应低价米。此时法币已有千元大钞通行市面。政府以通货膨胀政策应付物价，恰如火上浇油，燃势更猛。

第二个可怕的是这年夏季虎烈拉（霍乱）又来袭，大街小巷到处死人，猛烈程度或稍逊于1943年那一次。我

◆ 飞虎队是当时在中国的美国航空志愿队，他们的战机外面统一涂画成了鲨鱼的外形，可对日军造成一种威慑。（上）
◆ 1945年初，美军第九轰炸机团的B-29战略轰炸机远征日本，正从富士山畔掠过。（下）

◆ 1945年3月9日，美军三百余架B-29轰炸机对东京实施大面积轰炸。对广岛、长崎的两次原子弹投放，也以B-29为空中平台。（上）

◆ 这张"打日机的中国士兵"图，原为法国巴黎《战时画报》封面照。抗战时期，通信那么不发达，法国民众还关心着中国命运。这张图片很是珍贵。（下）

◆ 美军第二十航空队的中国成都基地，B-29战略轰炸机前，一名正在执勤的中国士兵。（右上）

外祖父刘裕和，染靛街开茶馆，要接触许多人，容易受传染，他躲过了那一次，却躲不过1945年7月这一次，染病不到七十二小时，就丧身"虎口"。当时我读金堂私立崇正初级中学三期，功课紧，未能随母奔丧。母亲是外祖父的独生女，从小由他带大，风木之悲，自不必述。这年8月，仍在"虎口"威胁下的七十万成都人，似乎无暇注意广岛的原子弹，以及两天后长崎的原子弹，所以对8月10日黄昏大街上卖号外感到突然。"日本就投降了？真的？"人们互相问询，然后跑上街去买号外。

当时成都作为中国大后方的文化中心之一，有报社十多家。报头上有日期编号，是为日报正张。正张之外即日期编号之外，另出小张传单，以最快的速度传播特别重大消息，谓之号外。报贩挟持一摞号外，大街上一边跑一边叫："号外！号外！"这就是卖号外。十多家报纸是否都卖了号外，不得而知，我只记得两家报纸的号外。标题字是旋刻的，比核桃大些，一作"日本投降了"，一作"日本无条件投降"。不到一小时，特大喜讯传遍九里三分之城。歉意的是那条消息只有几句，太简短了。读者愿观其详，免得上当。

8月10日黄昏成都卖的号外，卖到金堂县城来时，已是8月11日早晨。记得那天早晨，成都来的报贩在槐树街余家大院门前卖号外的情景。当天中午，县政府大门外就贴上手写的"日本无条件投降"通告，而全城尽知矣。8月16日，六哥余光远（勋焯）当时读国立四川大学历史系，这天返校有事，我便跟随他去成都，住宿桂王桥西街三台旅蓉同乡会内。幸运的是正好赶上官方宣布的三日大喜庆。这是第一天，全城放鞭炮。各街区居民见各机关法团的人都在游行，也互相邀约，纷纷涌上街，自动集会游行，呼口号，敲锣鼓，也抬着花圈去春熙路孙中山铜像前，鞠躬致敬，告慰国父在天之灵。从下午到深夜，春熙路上人潮狂涌，六哥和我挤不进去。入夜，商店牵电灯到门外，或点燃煤气灯，亮同白昼。我们去提督街中山公园（今文化宫）门前小广场上，观看从凤凰山飞机场赶来的美国空军人员跳舞。伴舞者乃职业舞女，市政府培训的，多非淑女。第二天，又由官方在商业街励志社（今省委机关所在）举行茶话会，招待盟军人员。第三天是高潮，各界庆贺抗战胜利，入夜火炬游行，学生提灯参加，街上挤得水泄不通。我们在盐市口刘湘骑马铜像之下，还看见舞龙灯，跳狮灯，踩高跷，撑旱船。一连三夜，各公园映电影，放焰火，演戏。我们嫌远，未能去看。

喜庆的灯火阑珊之后，街景又冷下来。六哥办完事，又去会朋友，走亲戚。诸事既毕，带我游玩。那时尚无兴趣游览名胜古迹，但往热闹场所挤去，尤以饱看电影为天

◆ 旧时川中戏班下乡表演，戏台建在山坡上，观者势众。坡下还有摊贩，颇具野趣。（上）
◆ 日本投降，各家报纸纷纷出号外，这是1945年陆军军官校（原黄埔军校）为庆祝抗战胜利所发的号外。（下）

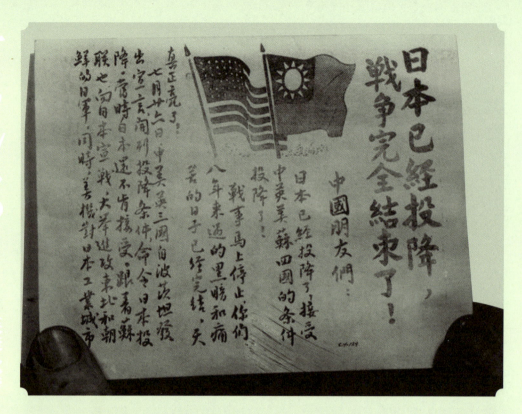

下之至乐。印象最深者,有三部片子。一是国产片《李三娘》,周璇主演,唱三首歌。"春到人间送晚风"一首,"秋到人间草木黄"又一首,"念良人从军远别"再一首,凄美柔婉,醉心迷魂,终生难忘。二是美国片《从军记》,两个活宝入伍,尽闹笑话,是滑稽片,没啥意思。三又是美国片《斩龙夺美》,与苏联片《三头凶龙》取材相同,皆圣·乔治智斩恶龙救爱侣的欧陆神话,而各有所长,苏联的优美,美国的激烈。此时上映,三头的恶龙联想德意日三敌国,看得特别投入。

电影看完了吃赖汤圆。店堂极窄,三张条桌,上盖绿桌布和玻板,配小圆凳,顾客十二,便满座了。常有摩登小姐站立店外等空位子,替店家做了雄辩的广告。汤圆一碗四个,馅各不同,皆溢鸡油香味。铜碟盛白糖和脂麻酱各半,另外加钱。店堂有木楼,上面搓汤圆,系铃绳盘缒下楼,然后下锅煮。店堂窄,不得不如此。那时赖汤圆在总府街今址斜对面,位居一条名叫地镇板的小巷口。

我们还吃过鼓楼南街口右边的凉面。猜想是用香油接过,不然怎会那样香呢?这家还卖荞凉粉,堪称异味,爱者自爱,一吃难忘,不爱者一瞥倒胃口,这难看的黑黄色,黯而可疑,岂能吃哉?那年十四岁,饿得快,吃啥都香。玩饿了,任择一家小饭馆,六哥叫一份盐煎肉,蒜苗渣渣我都吃光了,不好意思舔盘子。

玩到1945年8月下旬,快开学了,我须回家去了。离开成都时最后的记忆竟然是美国兵。概自日本投降以来,川西各机场的美国空军人员纷纷来成都玩。敞篷吉普车搭载着吉普女郎,兜风过市。遍街地摊,成都小贩贱卖美军用品——罐头食品,军装军靴,收音机,卫生纸,啥都

◆ 这是日本投降后,美国用飞机向日占区人民抛撒的宣传单。(上)
◆ 日本投降喜讯传来,成都某会馆庭院中市民欢笑聚会。(下)

有。美国兵喜新奇，福兴街买一顶瓜皮帽戴着，染房街买一具水烟袋捧着，直冲冲坐一辆黄包车，招满街笑，他却不笑。昌福馆银器店打拥堂，美国兵一批一批来买银制手工艺品。其中，银丝果盘最为畅销。这些东西带回美国当做礼品送人，具有纪念意义。他们走了，"二战"也结束了。

　　接着走的是外省人。当初不愿做亡国奴，他们流寓成都，或读书，或就职，或经商，苦苦熬满八年，如今要凯旋了。短短半年多，走人二十万。因抗战而繁华的九里三分之城，忽焉而冷清矣。高腾的物价铩羽落下来，百业随之萧条，不少商家倒闭。热闹欢庆结束，胜利换上另一副冷脸。

◆ 驻成都的美国飞虎队士兵，在田间与农家小孩交流作物种植知识。（左下）
◆ 影星周璇（上）
◆ 周璇演出《马路天使》（下）

❋ 第四章

书攻熬夜忆温馨

成都城东北隅，有一条小街，名五世同堂。此地曾有一座张家大院，五世同堂不分家，仍吃大锅饭，显示其大家庭之和睦。清朝官方赠张家"五世同堂"匾，遂以名街。光绪年间，张家大院易主，变成管税收的经征总局。民国初年，四川法政学堂又从文庙西街迁入此院。后来再一变，改设四川省立第一中学于此院内。省一中后改名省立成都中学，简称为省成中。从昔到今，人来了又去了，唯有旧址仍在。

抗日战争爆发后，为躲避敌机空袭，省成中暂迁东岳庙。校园空出来，乃有《华西晚报》在此创刊。这是中共地下党办的一张报纸。1943年春，周恩来派黎澍担任《华西晚报》主笔，陈白尘担任副刊主编，使报纸面貌更吸引读者，一时被誉为"民主堡垒"和"文坛中心"。尤其可嘉者，报社广泛接纳文艺界的进步人士，包括演员、画家、作家，免费招待食宿，对困窘者予以救助。曾在此食宿者，除黎澍与陈白尘外，尚有白杨、张骏祥、吴祖光、丁聪、吕恩、贺孟斧、方菁、方萘、沈扬、耿震、刘郁民、金淑芝等。以应云卫为社长的中华剧艺社在重庆受迫害，报社派人去接到成都来，食宿一概解决，真是"相濡以沫"。吴祖光和丁聪就住在报社编辑部水阁凉亭上，不但逼仄，而且难蔽风雨。两人抬来舞台景片，遮遮挡挡，隔成小屋。如此破陋的居室里，吴祖光作《林冲夜奔》《少年游》两个剧本，丁聪作《阿Q正传木刻插图》《现实图》等美术作品，皆鸣后世。当时生活清苦，"成都土地爷"车辐在报社做记者，常引他俩去偏僻街巷吃价廉的凉拌兔肉、生煎包子，吃花生下干酒。吴祖光老年忆旧说："拿城市来说，我们不能忘记成都。"他和丁聪住过的水阁凉亭是何

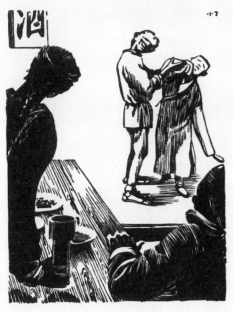

◆ 丁聪作《阿Q正传》木刻插画

模样，我很想知道，因为他俩离去两三年后，1947年我考入五世同堂街省成中，记得校园内无水阁凉亭。后见丁聪画水阁凉亭图，乃豁然失笑。原来是瓮子锅烧水房的外面，同学每晨洗脸之处。那里确实有个池塘，但我去时水已涸了。吕恩老年来成都游，也说五世同堂街往事。1944年初，旧历腊月快过年了，天气很冷，她和三个女演员同住一室内，各自坐床上，被盖搭腿脚，都在想老家。忽有本街斜对门饭馆女主人，二十几岁，笑盈盈的，是那个时代的追星族，端盘送肉食来，说给她们过年。吕恩回忆说："那天我们都哭了。"我告诉她，那家饭馆招牌是"食为天"，红锅馆子，就在大门左斜对面。馆子旁边有个茶馆，名双柳村。吕恩说："记得那里左拐，是东较场，好宽。"我说："老大姐，你说的这一切都没有了。"吕恩叹息，另换话题。

已故的小说家张天翼也曾暂住五世同堂街。因患肺病三期，亟须静养，陈白尘请巴波为张天翼找个安全住所。巴波排列亲友名单，一一考虑，好中选好，特别是要政治上可靠的。选来选去，最后只有鲁绍先了。鲁绍先思想前进，与巴波交情深厚，祖辈是乡绅，住地又偏僻，在成都与郫县交界的两路口小场镇。1945年6月，陈白尘和巴波叫来三乘滑竿，护送已化名为张一之的张天翼从五世同堂街转移到两路口鲁绍先家。青年鲁绍先把预备结婚作新房用的正房让给张一之住，自己则搬入没有窗户的小房间。他那时不知道来客就是有名的小说家张天翼，只当作是巴波的好朋友。好朋友的好朋友，当然也是他鲁绍先的好朋友了。好朋友病得重，要喝牛奶，乡下哪去找牛奶呀？只好去买一头母羊喂养，每晨挤奶给病人吃。成都平原得天独厚，四季蔬菜不断，空气清新水甘甜，兼之以精心护理，静养两年，爽然康复。在此期间，鲁绍先每月去成都一次，到李劼人先生处领回一笔钱，专为张一之养病用。这是地下党组织救助贫病同志的临时措施。1947年，张天翼养病期间写过新片《松花江上》影评，以一之笔名刊载《西方日报》副刊上，获影评的头奖。不久，告别郫县两路口鲁家，坐一架鸡公车（一种手推车）走了。陈白尘和《华西晚报》此时也搬出五世同堂了。他们这一群作家艺术家，同样是人来了又去了。陈白尘1983年5月随全国文联访问团来成都，急不可待，催着车辐快引他去重访三十七年前的《华西晚报》旧址。来到五世同堂街二中校园内一看，早已面目全非，旧踪难觅，立即陷入深深失望，默然不语。岂但时不待人，景亦不待人啊。

　　回头再说1945年8月日本投降后，省成中又从东岳庙

◆ 可载物亦可载人的"鸡公车"（左）
◆ 丁聪、郁风、张光宇、叶浅予等文化界人士在成都（1941年），背景为丁聪画的巨幅鲁迅像。（右）

◆ "成都的水好清亮呀！"迁川的外省女学生在小溪边浣洗衣物。（左）

◆ 成都新亚烟厂以美国童星秀兰·邓波儿作为该厂香烟的商标，并取名为"小红玲"。错了，应该是"小红伶"。秀兰·邓波儿当时是全球知名的童星，所以叫"小红伶"。凭此烟标便知这是20世纪40年代。"一粒沙看世界。"古希腊哲人说。（下）

迁回五世同堂街。我那时仍读金堂县崇正初级中学。翌年秋季，上毕业班，见校园壁报介绍省成中办得如何好，教师有"饶代数"与"高几何"，极负盛名，便决意去投考。年底上成都，住横通顺街52号三娘方淑景家中，同八哥余勋铭挤睡一床。八哥当时读豆腐街清华初中，喜爱化学。恰好我的化学成绩甚优，便商量做实验取氢气玩。两人从横通顺街南走提督街，又经东华门到皇城东鹅市巷。此巷有多家化学实验用品商店，在店里我们选购酒精灯、烧瓶、试管、折管、敞口瓶、毛玻璃、软木塞、硫酸、锌粒等。回来腾出一张方桌，做操作台，居然取出氢气，灌胀氢气球七八个，飘浮到天花板，感到非常好玩。还写标签 C2H5OH 和 H2SO4，贴在酒精瓶上和硫酸瓶上，装模作样之至。徒步去皇城内两三次，那些穷街陋巷，踮脚能摸屋檐，破败肮脏，弯弯拐拐又多，印象难忘。一个大城市的中央街区，竟会是这样子！

玩完取氢气，又随八哥到他满舅舅方继尧家中去看鸽子。那里房屋高大，院坝宽敞，最宜养鸽。在那里看见了县上没有的良种洋鸽子，硕大漂亮。满舅舅读光华大学经济系，熟悉好莱坞，同八哥谈丽塔·海华丝、玛丽亚·蒙特丝、平·克劳斯贝、加里·库珀之类的影星，使我大感新奇。

满舅舅方家是成都人的又一典型，值得一述。方家老太爷清末做幕僚，精通文墨。时移世变，设馆课童，家中琅琅书声，或吟或诵，愉情悦耳。方老太爷的长子留学法国，生根彼邦。方老太爷的长女方淑景就是八哥的母亲，我喊三娘。三娘未曾入学，幼年旁听学馆吟诵，便会念"云淡风轻近午天，傍花随柳过前川"和《声律启蒙》的

"云对雨，雪对风，晚照对晴空"。平时言谈，能引《增广贤文》，温婉明礼，显示家教有根。她下面还有弟妹八人，俱无俗韵。方继尧是她的幺弟，排行十。到十而满，故称满舅。西装革履，翩翩公子，舞跳得好，趣味雅致。老成都的诗礼故家，多有这类子弟，构成人文景观，对抗鄙俗下流。

满舅舅的鸽子看了，八哥又引我去海会寺学骑自行车。海会寺在今之兴隆街，徒有佛寺之名，只剩一片空坝。有人在此出租自行车，学车者按钟点付租金。自行车一个小时就学会了。一日，三娘吩咐八哥："带九弟去知音书场，听德娃子打唱扬琴。"兄弟二人同去提督西街国民电影院旁边的知音书场，是在楼上。书场格局与茶馆同，一座泡一碗茶。茶碗三件一套，上有盖，下有船，精致雅洁。茶资包含门票付费。书场中间设台，台口安桌，围以桌裙，铺以红毡。演唱者坐桌后，背墙壁，面听众。听众多属知识阶层，秩序良好，安坐静听。台上挂有粉牌，写明李德才的扬琴节目、贾树三的竹琴节目、曾炳昆的相书节目，等等。时刻一到，登台献艺。李德才人称德娃子，瘦弱矮小，戴盲翁镜。他唱《活捉三郎》阎惜娇的一段舵子，阴柔怨恨，婉转凄切，俨然寒夜鬼哭，令人噤不敢语。其唱词曰："秋老山空万木凋，一程行过一程遥。荒郊犹记来时路，流水依然过小桥。残月半钩寒雁过，疏星几点白云飘。行来一处深花里，见几棵松柏出墙高。"听得入迷，想象女鬼迤逦独行，忘却眼前瘦小盲翁。上海百代公司为他灌了唱片，知音岂止成都人哉。贾树三亦盲翁，所拍竹琴，一段竹筒而已。拍之嘣嘣作响，仅具节奏功能。然其唱腔多变，紧张热烈则《三战吕布》，婉艳哀感则《浔

◆ 1945年，成都儿童福利实验托儿所的儿童在草地上做游戏。（上）
◆ 成都茶馆（下）

◆ 农家庭院中，少年们在欢快地玩着游戏。（上）
◆ 华西大学棒球队在简陋的场地上练习打棒球（下）

◆ 全国文艺界抗敌协会成都分会欢迎冯焕章、老舍、王冶秋、叶鏖的合影。冯焕章即冯玉祥，当时任军事委员会副委员长。（下）

阳琵琶》，郁愤凄怆则《李陵饯友》，悲壮豪雄则《子胥渡芦》。刚满十五岁的我，因为读过《三国演义》《琵琶行》《李陵答苏武书》，所以一听便懂。还在初中二期，灌县曾直君老师教国文，选讲川戏《子胥渡芦》，唱词我还背得："出昭关幸逃虎口，心想道横踏九州。大江前追兵在后，到如今地惨天愁。问苍天救我不救，不救我死葬江流。望父兄英灵保佑，留下我好报冤仇。"有此背景，听懂竹琴《子胥渡芦》亦不困难。许多年过去了，这一切都成历史了，我才知悉这贾树三很不简单。抗日战争的1942年，在东城根街锦春茶楼书场，贾树三的竹琴，不但胡愈之、巴金、谢添等文化人来听过，副委员长冯玉祥这档的"武化人"也来听。听完《三战吕布》，冯玉祥挺激动，忍不住跑上台紧握贾瞎子手，说："贾老板唱得太好了！炉火纯青，唱出感情。"又转身向听众说："我认为北方的京韵大鼓刘宝全，四川的竹琴贾树三，堪称独唱双绝。"一番话引起全场的掌声。还知悉《国民公报》主笔谭剑之，也是贾树三的知音，送来一副红缎金字对联，挂在台口。联曰：

唱罢离合悲欢，回首依然贾瞎子。
拍开风花月雪，伤心谁问李龟年。

　　读罢前贤记载，犹能想象昔年文化盛筵。小生我来晚了，仅能写一点肤浅的感受，见证艺术永恒。那时在知音书场，还听过曾炳昆的相书。此人也是百年一见的怪才。我见他时，他才四十七岁，已经佝背缩颈，瘪嘴落牙，衰老疲癃。所谓相书，就是帷幕口技，古已有之。明代沈德符《万历野获编》记载一则帷幕口技，说那艺人只带一柄折扇钻入黑布帷幕，演一杀猪匠，鼾睡打呼噜，被妻催醒，不肯起床，赖着做爱。事毕，洗漱吃饭，然后杀猪。猪蹄叫，刀刺入，血喷出。演完钻出来，仍然只有他一人。刚才种种绘声情节，恍若一梦。曾炳昆亦如是，只带一柄折扇钻入黑布帷幕。那天的节目是《瞎子算命》，他一人演三个角色，一个是老太太，一个是女佣人，一个是算命瞎子。三个角色对话，语调嗓音各不相同，有说有唱，有笑有骂，显得十分热闹。对话多有噱头，引人捧腹。演完钻出帷幕，他脸上无表情，似乎刚才种种与他毫无关系。听众大悦，要求再来一个。于是曾炳昆随口讲个小笑话，说乞丐夜宿桥洞，作诗自嘲："天晴大日头，下雨打湿楼。人在我的房子上面走，哦哟，水又在我床铺底下流。"
　　短暂的少年游一晃而过，该我到五世同堂街省立成都中学去看榜了。当年报考省成中高二十三班者上千人，榜

◆ 瞽者讲故事，优人说笑话，自古而有，《淮南子·谬称篇》和《孔子家语·相鲁》均有载。而这具天回镇汉墓中发掘出的"说书俑"，手执鼓槌，笑口迎人，传神至极，在讲唱动人故事无疑。由此不难想见今日成都民间俗文化的古代渊源。（上）

◆ 丁聪与宋庆龄在香港抗日画展览会上（1939年）（下）

上有名者不过七十几人。十几人中取一名，其难可知。我有把握，看榜不慌。入学校后，七十几人分成甲乙两班。到第三期，两个班压缩成一个班，成绩差的或留级或默退。默退者皆三科不及格，成绩通知单上注明"下期毋庸来校"，请你自便。残酷的淘汰制保证了学业的高水平，同时大大减轻了校方的管教工作。学生明白课程严峻，不敢恍兮忽兮，生怕默退。老师全力投入讲课，不必苦口婆心劝你努力求学，更不用做所谓思想工作。你不来上课，你自己负责。那是你的事，与老师何干。早晨操场拥挤，诵读课文。夜晚教室肃静，赶做习题。用不着校方管，学生自然勤奋，此乃无为而治。当时本校与石室、树德、成县中同列为四大名校。尤其可取者，本校最是自由主义。除了"新毛桃"必须帽服整齐，领章、皮带、绑腿半月之内不可或缺以外，余则听便，露头，长袍，便衫，短裤，拖鞋，皆可以的。蓄发不禁，不必像树德一样剃光头。吸烟亦行，但不能在课堂上吸。最惊人也最可取的是自由到了谢绝老师监考。此乃校园奇迹，大可骄傲。宜详述之，昭示来者。

期末考试，各级同学混合编座，使你坐在考场，前后左右一看，皆非同级，无从"交流"。若敢挟带作弊犯规，被同学发现了，当天轰你滚出校门。就算校长是你舅舅，他也保不住你。你爸爸是大官，同样无济于事，因为校方迫于全校学生压力，不敢不开除你。总之，考场犯规，你必完蛋。我这人太胆小，当"新毛桃"那学期的期末考试，置身考场之中，不敢左顾右盼，不敢抬头，怕被误会，吓得尿湿裤子。考场出口放置讲桌一张，试卷交到桌上，依次叠成一摞。只有本校杂役熊福山坐在桌后守护着试卷，盯紧卷叠，不盯学生。学生有强烈的荣誉感，老师都不来盯，熊杂役岂敢盯哉？学生交卷，步出考场以后，就不能再入场，更不能动试卷。否则犯规，等同作弊。那些考得好的，出场面有喜色。考得差的忐忑不安，愁眉苦脸。拿不稳的赶快翻书查看，或是请教他人。还有些极狠的，做完了不交卷，坐在那里再三检查，务必做到完满无憾，非吃百分不可。本校学生十之九是外县来的。成都市的学童多半家境优越，贪耍好玩，不能苦学，能考入本校的很少很少。外县学生多小地主小职员家庭出身，勤俭惯了，深知家长筹集学费维艰，若考试不及格，有何面目见堂上的双亲。更不用说考场作弊被开除了，那是终身羞耻，所以同学不敢作弊。不但不敢，还怕举止失当，被人疑为作弊自招大祸。此种心态，积若干年，形成校风。良好校风远播于外，反馈成学生的荣誉感，视监考为耻辱，乃自振作，

◆ 老先生在指导孩子们认字读书。（左）
◆ 成都四川高等学堂内，两位穿戴讲究、气质斯文的男子，极有可能是学堂内的教职人员。（右）

互相监督，形成传统。这种极可贵的传统，一旦玉碎，再难黏合，任你美金百万，也琢造不出来。

回忆起来，我目睹的"作弊"仅有一次。惹大祸的同学姓杨，郫县人，和我同级，那天又被编座位于同一考场。上午考化学，五道题任择四题，每题二十五分，四道题做对了一百分。杨同学四道题做完了，本该交卷大吉。但他属于我在前面说的那类狠人，得陇望蜀，又细审第五题。也怪他平时学业太好了，这第五题显然也做得出。于是技痒难忍，就给做了。交卷之时，心中得意，自不必说。步出考场之后，忽然察觉第五题的答案有误。求的既然是气体的体积，就该是立方，而他错写成平方了。语云："福至心灵，祸来神昧。"杨同学只昧了半分钟，急返考场，展开考卷，改2为3，殊不知这样就犯规了。当时众目睽睽，满场惊诧，视为作弊，鼓噪起来。高班次同学义愤填膺，认为这是坏我优良校风。同级同学认为有损我班之荣誉，一个螺蛳臭了一锅汤，都恨他。各级同学喧哗，认为奇耻大辱必须当场湔雪，跑去围着他，痛加斥责。另一群同学去替他收拾行李被盖卷，然后集体面见校长，要求当天挂牌开除学籍，赶出校门。校长拗不过汹汹的舆情，只好俯顺。当天下午，杨同学提着行李，背着被盖卷，痛哭出校门，回郫县去了。此属错案，但是不开除也不行。不开除，游戏规则就难以维系下去了。斩一趾全一脚，事有不得已，虽然我同情杨同学。

有趣的是省成中也尊师，但不盲尊。校长代表官方立场，训导主任监控思想，公民教师宣讲党义，军训教官文化太低，皆不能受尊敬。音乐、美术、体育乃"豆芽科"，无所谓尊不尊。各科教师，水准低的，讲课开了黄

◆ 教会学校的外国老师给妇女们普及医学等常识。（上）
◆ 西汉景帝时蜀太守文翁筑石室办学堂于此。东汉时毁于火，旋即重修学堂，增筑礼殿一座，奉周公孔子。元代礼殿又毁。清代在礼殿旧址上另筑成都府文庙大成殿，其前面之牌楼为棂星门。清代锦江书院设在这里。清末改设成都府中学堂，即今之石室中学。（下）

腔，谨防哄堂，下不了台。不过同学们也通情达理，不乱起哄。英文教师何文琨，课堂上说了句"周武王烽火戏诸侯"，招来哂笑。脸红道歉，改口说"周文王"，引起大笑。但同学们仍谅解他，因为他英文好，诵读尤其可听，缺乏历史常识乃属小疵。同学们最尊敬水准高的教师，例如代数饶德滋、几何高咏涛、英文雷克琴、国文陶亮生、化学肖季威、物理杨文浏等等。"饶代数"年迈体衰，每届高一同学都要自动凑钱买两筐蛋，礼送饶家。一夜楼上楼下两班同学冲突斗殴。校长、训导主任、军训教官跑来制止，反被推开，谁都不听他们招呼。没法，只好去请饶代数来。饶老头挥教鞭猛抽之，左一鞭，右一鞭，像家长打子弟。两班同学都挨打了，各自忍气后退。斗殴当场结束，没有一个学生胆敢违抗一个有威望的教师。这件小事发生在1948年，为我所亲见。

本校学生一贯俭朴，嘲笑纨绔子弟。留飞机头、戴鸭舌帽、穿燕尾服、着美军装，都要受到民主墙的警告。家贫衣敝，用度拮据，不会招致白眼。物件遗失，张贴启事，"拾得者请交某班某某某，有花生米一包酬谢"，便能找回。同学们关心天下事，校门口贴报纸四五种，观点立场各不相同，总是挤着去看。给报纸副刊投稿，且能发表出来的，有八九个同学。小生我因投稿，每天收到《西方日报》赠阅一份，一直到被查封。高我两班的新繁县同学，姓陈，翻译上海密勒氏评论报国际时事文章，投给《建设日报》发表，占一大版。须知这些人只是高中生，不过十七八岁。

省成中属省立学校，收费仅及私立学校之半。那个时代好学校收费低，坏学校收费高，贫寒子弟和纨绔子弟各读各的书，各进各的校，各走各的路。省成中每学期五个

◆ 成都市人民公园前身——成都市少城公园（上）
◆ 华西大学的学生宿舍（下）

月，学杂费伙食费一样多，两项共交二十块银圆。其中有十块银圆吃伙食，算来每月吃两块银圆，一块银圆的米钱，一块银圆的菜钱油钱煤钱和厨工钱。两块银圆合现在的一百五十元人民币。膳食水准之低，一目了然。午晚两餐皆四个菜，仅够吃，偶不足，自备泡菜豆腐乳以救急。我自备红陶罐一个，星期日去皇城贡院街切牛肚片。此物便宜，盛满陶罐，放些卤汁，置入厨房大甑之中，借火一蒸，十分可口，兼之解馋。下星期日又去切，又可救七天之急。去的次数多了，对皇城贡院街产生感情。贡院街俗称为皇城坝，破败肮脏，全卖回教徒的大众小吃，真是穷学生的廉价食府。星期日和同学转了少城公园出来，祠堂街逛书店，只看不买。中午饿了，经西御街而左拐，便入贡院街南口，牛羊肉的香味扑鼻而来。如果迫不及待，就来一碗牛羊肉汤，多撒芫荽，下白面锅魁饼，还可添汤。天冷喝汤，周身暖和。嫌未饱，隔壁有油糕、马蹄糕、珍珠圆子，都很便宜。若往北去，还有更好吃的三种。一是宴乐春的牛肉煎饼，姜葱椒盐味，面粉先烫熟，然后油炸，鲜嫩辛香，却比走马街的牛肉煎饼便宜多了，不吃可惜。二是鑫记饭馆旁边的牛肉抄手，回民叫作"包面"，也比别处猪肉抄手便宜，牛肉馅细，都剔了筋，原汤又熬得浓，那当然好吃啦。三是锅魁饼夹蒸牛肉，摆在西鹅市巷附近的街沿上，大锅大笼，旋蒸旋卖，安有条桌，可坐着慢慢吃。顾客全系下层平民，拉街车的尤多。贡院街北有两三家牛肉饭馆，以牛肉回锅和牛肉豆腐著名，我未吃过，不好妄说。记得此街某处拐角还有一家卖荞面的，牛肉臊子炸酥脆了，亦属下层小吃，至今舌留记忆。当时春熙西段西去荔枝巷也有荞面卖，太贵了，未吃过。贡院街的便宜，缺点是太脏了。荞麦非麦，植株形态与麦迥异，开花白色泛红，种在高寒山区。荞麦磨成面粉，据说要用石灰水"咬"去其"热"性，才可以榨成细面条。煮面条的鼎锅上方，设置白檀木制杠杆一具。杠杆逗有向外凸的牡柱，柱下设有向内凹的牝窝。扯一小坨荞面，先揉软绵了，置入牝窝内。然后手压杠杆，使牡柱入牝窝，榨面坨通过窝底的小孔，挤成细条，落到锅中。一烫即熟，下豌豆尖。竹编捞篱子捞入碗中来，盖牛肉臊子，撒芹菜葱花，即可享用。作料包括笋颗、花椒、酱油、熟油辣子，外挑牛油在碗沿上。手压杠杆之时，轧轧有声，可知用力不小。曾见过用臀部坐压杠杆的，小孩大感兴趣，成人则反感。荞面妙在微苦而香，具杂粮之本味，无他物能替代。嗜之者多妇媪，很少青壮男女。还有一些胃气稍弱，喜酸辣刺激者，往往爱吃。然终难普及，因其色泽黄黑暗淡，令人生疑。

我读书很用功。国文英文，通本背诵。数理化，无不通。夜夜自习，灯下作业。停电则点油灯，荧荧一焰，凑得太近，往往烧帽。回忆中的灯焰，多么温馨啊。

最怕高中毕业班要去北较场打靶，实弹射击，子弹三发。一想起就忧愁，所以高中五期就跳考大学去，绕过放枪这一关。天可怜见，1949年9月，考入国立四川大学农化系，进三瓦窑新生院就读了。我这一生未放过枪，以此故也。

第五章

觅踪街巷谁家在

老戈部

芙蓉秋梦

读省成中，课程紧张，不敢玩忽。每逢周末，能去看电影，或能去青年路逛旧书摊，算是最放纵了。所以，九里三分之城，较熟悉的还是从学校到春熙路这条线。沿线见闻，笔之于下，也是老成都街景之一瞥。

省成中在五世同堂街北端。校园坐西朝东，西靠天灯巷（今二中门前），北靠玉皇观街。出校门是五世同堂街。街短窄，南北向。出校门右拐向南走，街左边，一家香烟店，我常去店里买黑白牌香烟吸，一次只买一支。又向前走，一座宅院，门口常见一摩登女左右望街。一位同学说："她是暗娼，外号哑巴婆娘。"闻彼嬉笑言语，知其不哑。宅院对门右边街，一家小面馆，夫妻店，顾客多学生。南邻一油米铺，1947年秋，目睹东较场贫妇结伙来抢米，以衣襟兜之。又南邻为希成博物馆，馆列周鼎汉砖唐俑宋画之类。馆主黄希成，胖嘟嘟，笑盈盈，是个文物商。

◆ 少城内的某条街上具有成都特点的建筑门面（左上）
◆ 清末成都富豪人家中的月洞门及走廊（左下）
◆ 20世纪40年代成都街头的小饭店，菜式品种很丰盛。（右）

据说多卖赝品，亦不知是不是。又向前走一段，一家中药铺，铺主胖得惊人，叉开双腿坐在门前特制楠竹躺椅上，忽而鼾声大作。若在夏日，不但裸其上身，猛摇蒲扇，还要两腋夹竹筒以取凉。最苦不能睡床，有窒息的危险。再向前走一段，一家炒菜馆，门口设锅灶，大笼蒸咸烧白和粉蒸肉。馋了，我也去端一份，省着可吃三顿。南邻一家茶馆，曾目睹两群学生在此打架。再向前走便到五世同堂街南端了。

南端临十字口。左拐是双凤桥街，通向东较场。右拐是贵州馆街，通向三槐树街。直走过十字口便是庆云北街、庆云南街。街名庆云，因曾有庆云庵，庵外有庆云塘。庵废已久，塘畔有塘坎街，今亦不存。庆云北街南口左拐是落虹桥街，传说犯人绑赴东较场杀头，上此桥而落魂，遂讹呼落魂桥。南口右拐是庆云西街，街有庆云里，邓锡侯公馆在此（今省广播电台）。邓宅花木映照，楼阁耸峙，雄丽可观。过南口是庆云南街，警察二分局在此（今成都日报社），门上挂有圆面时钟。当时钟表尚未普及，我返校过此处，见差十分就六点了，快步小跑，好赶晚饭。二分局所在地为惜字宫旧址，原祀仓颉夫子。

庆云南街走完，前面就是惜字宫街北口。左拐是四圣祠街，内有基督教会19世纪末创办的仁济医院（今二医院），又有教堂两所。1895年阴历五月初五，是端午节，市民数百人麇聚东较场，看掷李子游戏。场中飞语误传洋人拐骗小孩，群情义愤，涌入四圣祠街医院宿舍，找洋人说道理。洋人医生向天鸣枪警告，致使民众捣毁教堂，焚烧宿舍。第二天事态扩大，焚烧了陕西街教堂，破坏波及多处教会房产。连官员都相信洋人杀娃娃吃，民众盲动那

◆ 清末成都街景，远处牌楼上挂着"中法大药房"的匾额。（上）
◆ 成都陕西街基督教堂内，华美的钟楼巍峨耸立。1910年，美国教会创办华西协合大学，这里是其医学院（即后来的四川医学院，现四川大学华西医学院）的实习医院。（下）

老成都

芙蓉秋梦

是必然的了。此后误会既深，教案频起。四圣祠街旧有祠庙，供奉孔门弟子曾参、颜回、子路、子游四位贤人。

惜字宫街有一家文具纸张店，顾客多学生。还有几家杂货店，卖瓦灯盏、棕床垫、床笆子，顾客亦多学生。因为不时停电，必备青油灯盏。棕垫和床笆子，学生住校，铺床必用。惜字宫街前面还有惜字南街，不在线上，就不去了。在此右拐，进入干槐树街。

干槐树街很短，却有三处不能不说。

第一处在街左边，一家老陕开的当铺。灰砖门面，铺龄甚老。窄门单扉，务求安全。扉面蒙铁，铆乳头钉。高门限亦蒙铁，同样铆钉。门从内关死，强盗攻不入，纵火亦不燃。窄门小匾，金字"天保九如"，《诗经·小雅》祝嘏之词。步入窄门，为一空庭，灰砖墙，石板地。庭右阶上才是当铺的高柜台，台上又设栅栏以防劫匪。处处可见

◆ 七十多年前的成都街道（左）
◆ 这是于1910年秋冬建成的加拿大卫理公会派福章医院，医院是一座两楼一底的西式建筑。（右）

陕商谨慎。进当铺者双臂托举抵押品递上高柜台,借高利贷,以救燃眉。月息大二分,借一百还一百二十,先扣利息,到手的仅八十。我读省成中,每逢寒暑假,便将被盖毯子蚊帐送入这家当铺,图个轻松回家。开学取当,付息等于交保管费,何乐不为。

第二处是当铺西邻一家独院,黑漆双扇大门紧闭,不知院内情形。偶见一老妇,装束甚雅洁,发簪白兰花,坐一辆漂亮的私包车,膝上倚一绝艳少女,从双扇门内出。后悉此处养有扬州台姬,老妇是院妈妈管金秀。"台姬"俗作"台基",正如"瑶子"俗作"窑子",其误已久。按宋玉《高唐赋》,"巫山阳台女名瑶姬",台姬、瑶子二名实自此出。管金秀的干槐树街独院是住宅,非妓院。早在成都军阀"二刘战争"之时,她就来成都发展业务了。她养教的扬州台姬能昆曲,能京戏,能琵琶,能笙箫,能交际舞,能西洋歌,尤能察言观色,投诹送媚,而又礼仪娴雅,应对机灵。她们不在宅中伴宿,而到市场应召,陪酒助欢,伴座增色,献艺娱宾。嫖客召她们,谓之"叫条子"。她们应召去,谓之出条子。条子即是瑶子。条瑶叠韵对转,隐语也。她们做的业务,近似守规矩的"三陪"活动,更合娼妓二字原义(娼,唱也。妓,技也)。若要伴宿,另有去处,不在住宅乱来。抗日战争,下江人几十万涌入川,扬州台姬随之而至,全盛时成都操此业务者多达百余家。省文联老工友钟万山,昔年告别蓬溪乡下,来成都拉街车,多次载客到玉沙街刘文辉公馆斜对面小巷,内有扬州妓院。他和其他车夫留在妓院门口等客,闻听院里唱戏作乐,得知内有舞厅,且设赌局,而嫖客皆银行职员。中午车夫饿了,妓院女仆出馈大碗面条,油浓肉多,兼散纸烟,嘱其

◆ 20世纪30年代成都红灯区漫画（上）

◆ 老成都的街道，石板铺地，青砖小瓦木架房，房与房之间有封火墙。（下）

◆ 成都少城内的街道。石板铺
就的路面中心比两边高出不少。
（左上）
◆ 1929年成都南门（左下）
◆ 旧时成都实验幼稚园小朋友
活动情况（下）

等待客出，乃知不在此夜宿也。

　　第三处在院妈妈管金秀黑漆双扇大门住宅对面，一家著名的幼稚园，加拿大人创办于1914年，原属基督教会。门上有金字匾，英文为Canadian's Centre Kindergarten，中文名为"树基儿童学园"。园内花木楼台十分精致，设施完善，环境优美，令人歆羡。周末，门前一排漂亮的私包车接娃娃，偶见有汽车来接的。儿童来自富贵人家，自不必说。这家幼稚园今为成都第三幼儿园。

　　以上三处走过，已到干槐树街西口。左拐是爵版街，虽不在线上，但应知悉街口左边第一座独院是林山腴的双柑园。林为清末民初旧学大家，"五老七贤"之一，多有著作。抗日战争，陈寅恪来成都，曾登门拜谒过。林氏有孙读省成中，眼镜老夫子，班次比我高。

　　干槐树街直走，便是布后街了。街左边第一家是志诚商业高级职业学校，培养中专财会人才。西邻大成中学（今三中），其前身为亦属"五老七贤"的徐子休创办的孔圣堂，招收学子，尊孔读经，以对抗"五四新文化运动"。后改名为大成中学，课程仍设读经一科，校园大成殿上仍供孔子牌位，不时集合全校师生三跪九叩，煞是好看。又西邻成都大戏院，演出川剧，再西邻多家宅院的后墙，墙上爬满青藤。戏院与多家宅院所在，清代为布政使署。街在布政使署后者，叫布后街。街在布政使署前者，叫布前街（民国时改名华兴东街）。布政使署内，右侧与后院为亦园，景点有不波馆、红蓼桥、花坞、接翠轩、小绿天亭等等，想必风景甚佳。亦园始建筑于乾隆年间，到光绪年间已荡然无迹。民国年间布政使署不复存在，演变为戏院和宅院。中华人民共和国成立后为川西日报社，今为四川日报社。

布后街右边第一家是新四川行馆，就是旅馆。西邻大宅，清代为有名的孙家花园，民国为四川首任督军熊克武公馆，中华人民共和国成立后为省文联机关。我二十一岁入此大宅，空耗五十年光阴，而今七十一岁，仍系于兹。

回头说昔年的熊公馆。馆宅高墙临街，墙上嵌拴马石。黑漆双扇大门，门内为窨合子（日本人所谓的"玄关"），壁绘贴金麒麟，五蝠绕之。宅凡五进，木构平房，样式中西合璧。大宅包含七座小院，两个花园。园有假山、山亭、水塘、水榭、花厅。各小院内，奇花异树点缀，又有合抱楠木一株。室雅境幽，居处宜人。至今思之，如一场梦，醒来片瓦不存，令人喟叹。

布后街右边最后一家是著名的包席馆子荣乐园，被誉为"川味正宗"，创始于1911年。园主蓝氏兄弟深谙厨艺，汇集京菜与苏菜的特色，树起川菜旗帜，改变了所谓川菜就

◆ 熊克武赠孙中山的自照相。上有熊的题赠手迹。（右）

◆ 民宅式旅店。成都附近城镇，1910年秋。川西城镇中的民宅多为狭长形四合院，由大门、过道、前天井、过厅、后天井和最深处的正堂组成，这里的天井中停放三乘街轿，是接送旅客的交通工具。过厅设方桌板凳，以供住宿人吃饭喝茶休憩闲谈。旧时，这类旅店除供食宿外，有的还兼设赌局，供客戏博。院中正屋檐下挂字幅，上写现金交易不许以物作押和注意安全等字句。屋前两柱上写着吉祥性内容的楹联。（下）

是"肉八碗"、"九斗碗"、"参肚席"的旧格局。又善经营，动辄出堂几十桌席，提调安排，迅速妥帖，务使顾客满意。从门前过，常见贴红结彩，大摆婚宴。荣乐园在中华人民共和国成立后迁往骡马市街。旧址不存，今为星光宾馆。

布后街到尽头，临十字口。若直走，便是慈惠堂街。虽不在线上，但应知悉街右边一大宅，门上挂金字匾"慈惠堂"，原系官办慈善机构，民国改为民办，1923年公推"五老七贤"之一的尹仲锡任总理。此后，慈惠堂办火柴厂，产品行销全省。又办义学、盲童教养所、女婴教养所、贫民借贷所、孤穷子弟教养所。赈济与生产相结合，加以公私捐款，致使堂产日增，有田万亩，房二百间。赈苦济贫数千人，确见实效。尹仲锡管慈惠堂，成绩卓著。任职期间，又与徐子休、曾兰如等联名上书刘湘，请求禁止汽车入城，理由竟是"汽车隆隆其声，巍巍其状"，"一般风

烛残年之人异常胆小"云云，所以也被视为"五老七贤"之保守者。

所谓"五老七贤"，原为泛称，概指民国初年蜚声成都的"社会贤达"们。谁属"五老"，谁属"七贤"，并无固定名单，且总数亦不止十二人。20世纪40年代，老辈贤达如徐子休、曾奂如、颜楷等俱已逝世，仅剩赵熙、刘咸荥二人了。赵熙，光绪十八年（1892年）进士，终身执教业，诗词家，书法家，以改写川剧《情探》唱词优美动人为市民所知。1948年逝世，刘咸荥挽联云：

> 五老中还剩二人，悲君又去。
> 九泉下若逢三子，说我就来。

◆ 摄于1908年的成都青羊宫八角亭（上）
◆ 成都水多，桥也多，乌篷船在桥下穿梭，行人于桥上来往。（下）

第二年刘咸荥亦逝世，兑现了"就来"的诺言。刘咸荥，字豫波，终身执教业，博通经史，书法家。作字以柔弱之笔达老庄之旨，绝无俗相。吾家伯明大叔与大婶之结婚典礼，请刘咸荥作证婚人。时在20世纪20年代之末，刘氏年已七十，瘦小精干，布袍布鞋，白布袜子。大婶晚年回忆说："普普通通的一个老先生，请去给人证婚，一天三起。"刘氏名荥，音xíng不音yíng。河南有荥水，所以字豫波。

回头走下去吧。现在站在布后街西端，左拐是梓潼桥正街。千年前的唐代，此街是一条河。河床出产优质金刚砂，可以解剖玉，故名解玉溪。河水是从西北城角水洞子入城的，流经通顺桥街、西玉龙街、玉带桥街、玉沙街、东玉龙街、桂王桥街，蜿蜒流到此地，仍向东南流去。又经东锦江街，流过大慈寺南门前，从老东门水洞子出城去。

有河便有桥，此地曾有的那座桥东西向。桥西是今梓潼桥西街，桥东在今四川日报社内。前面交代过，四川日报社址在清代是布政使署所在。署内右侧园林，有小桥，有池塘，水源应是署外的这条河。这条河的存在是无疑的。1950年修街，桂王桥街，双栅子街，梓潼桥正街，从北向南一路挖开，下面石砌砖垒河堤尚在，便是铁证。此地的桥取名梓潼桥，是因为这里有梓潼庙，供奉文昌帝君张亚子。川北梓潼县七曲山大庙是张亚子本庙，他又称为梓潼帝君。梓潼，梓山潼水，地名，与成都没关系。

来到梓潼桥正街北口，市面热闹起来，显示快到繁华街区了。街左边第一家是聚贤茶社，楼上楼下，日日满座，喧阗盈耳。老成都茶馆上千家，每天有数万人泡在茶馆里，抗战入川的下江人见了，无不惊奇。请引张恨水流寓成都时所写《蓉行杂感·茶馆》，全文如下。

◆ 夏天的成都街头，这样的场景随处可见。（左上）
◆ 老成都茶馆之多，为全国之最。竹椅矮桌，拥挤热闹，各摆各的龙门阵。（左下）
◆ 茶馆里的伙计（右）

北平任何一个十字街口，必有一家油盐杂货铺（兼菜摊），一家粮食店，一家煤店。而成都不是这样，是一家很大的茶馆，代替了一切。我们可知蓉城人士之上茶馆，其需要有胜于油盐小菜与米和煤者。

茶馆是可与古董齐看的铺，不怎么样高的屋檐，不怎么白的夹壁，不怎么粗的柱子，若是晚间，更加上不怎么亮的灯火（电灯与油灯同），矮矮的黑木桌子（不是漆的），大大的黄旧竹椅，一切布置的情调是那样的古老。在坐惯了摩登咖啡馆的人，或者会望望然后去之。可是，我们就自绝早到晚间都看到这里椅子上坐着有人，各人面前放一碗茶，陶然自得，毫无倦意。有时，茶馆里坐得席无余地，好像一个很大的盛会。其实，各人也不过对着那一碗茶而已。

有少数茶馆里，也添有说书或弹唱之类的杂技，但那是因有茶馆而生的，并不是因演杂技而产生茶馆。由于并不奏技，茶座上依然满坐着茶客可以证明。在这里，我对于成都市上之时间充裕，我极端的敬佩与歆慕。苏州茶馆也多，似乎仍有小巫大巫之别。而况苏州人还要加上一个吃点心，与五香豆糖果之类，其情况就不同了。一寸光阴一寸金，有时也许会作个例外。

上文用外省人眼光看成都茶馆，发现了成都人熟视无睹的细节。又运用"比较学"的方法，帮我们拈出成都茶馆的特色。结尾暗讽，不忘教益，真一副好笔墨。成都人

◆ 主演《一江春水向东流》的影星白杨，抗战时在成都演话剧，住东胜街沙利文。（右）

◆ 清末成都，一个十字路口的街景，右边露出一角的建筑造型古朴精美。（下）

◆ 山道上用背架子背茶叶的民夫。立在身后的木棍，可以在休息时作支撑之用。（左）
◆ 成都茶馆（下）
◆ 茶馆是一方小天地，也是一座大舞台。（右下）

喝茶，盖自古而然。东汉王褒《僮约》已有"武阳买茶"之说。武阳，今彭山，产南路茶。晋人张载登成都西城的白菟楼（"菟"即"於菟"，虎也），诗有"芳茶冠六清"句，可证唐代以前蜀人已经喝茶成风。中国其他省份都是唐代以后才学着喝茶的。

清末成都茶馆之著名者有文庙街的瓯香馆、粪草湖街的临江亭、山西馆街的广春阁、中东大街的天禄阁、下东大街的文泉阁、北打金街的香泉居、鼓楼北一街的芙蓉亭。抗日战起，成都茶馆更显繁荣。城守东大街的华华茶厅座容千人，创高纪录。新南门外的江上村、总府街的新仙林和正娱花园、皇城坝的吟啸、长顺街的梁园、顺城街的晓园、春熙路的漱泉和益智以及三益公，皆茶馆之翘楚，令人流连其间，至今慕忆不已。1949年底，解放军围成都，派战士入老西门侦察动静，见大茶馆桌桌坐满，热闹拥挤，

便回去报告说："几百人开大会，转入小组讨论。"当时南下大军，来自晋绥边区，哪里见过茶馆。

坐茶馆的不全是休闲客，也有到那里去会见亲戚朋友的、两家相亲的、看书看报的，或是商谈事务的、调解纠纷的。抗战时何满子在成都编报纸副刊，"索稿交稿，都在茶座解决，可免邮件往返，十分方便"。还有一些带行业性质的茶馆，例如棉纱、布匹、药材、油粮各业，皆有自己的茶馆，作为交易的场所，休闲客是不会到那里去的。

最可叹的是少城公园鹤鸣茶馆和绿荫阁茶馆，每年阴历六月暑假，以及腊月寒假，公私立的各校中学教师纷纷来此茶聚。有等候续聘的，有请托说情的，有争取跳槽的，有还想兼课的。名声响亮的教师不必来，校长早把聘书礼送到他们府上去了。那些能力差，又无背景的教师，就在茶馆里等县上的中学校长来聘请。这就是所谓的"六腊战争"。教师职业不固定，失业堪忧。但是太固定，缺乏竞争机制，同样堪忧。在茶馆里争取上岗，亦具优胜劣汰作用，还是不要否定的好。既然今官方说教育有商品性质，教师也不妨有市场吧。

成都平民住房窄，无客厅，下班回家坐不住，到茶馆来休息或会客，实在方便。许多居民家中不烧开水，提着保温瓶到茶馆来买。就拿梓潼桥正街北口这一家聚贤茶社来说，客人多系商贾匠作，聚此磋商事务，赋闲无业的也很少。我年轻时在布后街二号省文联工作，每夜到这家茶馆来提开水，回室去泡浓茶好熬夜，乃知茶馆不可或缺。

聚贤茶社南去，左边几家是小酒店、小面馆、小饭馆、理发店、香烟店等。然后是一家甜食店，店名和合，店主一目偏合（蜀人讹呼"边花儿"），卖马蹄糕、醪糟蛋、汤

◆ 1910年左右成都的街道，左边好是一个卷烟店，标志是一只公鸡，英文是"Rooster"。（上）
◆ 赶集之余，找个茶馆喝上几口，消渴解乏。（下）

◆ 努力餐楼创立于1929年，先在成都老三桥南街（今人民南路四川剧场对面），1930年5月迁至祠堂街，一楼一底共五个开间，创始人车跃先，时任中共川西特委委员。（上）
◆ 鸭贩肩担活鸭，送去市上或直接送入餐馆、食肆的后厨。（下）

圆，生意清淡。再南去两三家之后，是有名的稷雪面馆，卖鳝鱼面以及各式包子、饺子、烧卖之类的点心，制作甚精。稷为五谷之代表，雪像面食之洁白。再南去还有长美轩饭馆，以荷叶蒸肉、肉饼汤、凉拌牛杂著称。所做米饭与一般饭馆的甑蒸瓢舀不同，乃用小碗分蒸。以上属梓潼桥正街的街左边。街右边第一家是酱园铺。南去有腌卤店，脆皮鸭鹅有名，也有小酒店、小面馆。更远些，过梓潼桥西街口南去，有装裱店名"修古斋"，兼售仿古字画，清末开设，店主姓秦。还有一家糕点店，名曰"式式鲜"，鲜花饼特佳，亦清末开设。

梓潼桥正街到尽头，临十字口。若直走，便是福兴街。虽不在线上，但应知悉此街专卖帽子，旧式的有瓜皮帽、毡窝帽，新式的有军帽、学生帽。很有名的"竹林小餐"在街北口右边，以白肠、罐汤、烧帽结子（猪小肠绾成结）著称，而蒜泥白肉价廉物美最受欢迎。肉块煮三分熟，冷硬后以快刀横片之。肉薄到半透明，沸汤一烫即熟，捞起漉干，放作料，盖蒜泥，鲜嫩不油腻。上菜又快，落座可吃。南去一家大旅馆，抗战后期改设置为"盟军招待所"，募来妓女，秘应美军人员之需。事虽涉丑，若没有又不行，让市政府好生尴尬。

梓潼桥正街南口，右拐是华兴正街，进入繁华街区了。如果两家药铺和一家茶叶铺以及一座茶园都视为"食品店"，那么这里真是吃食一条街了。成都人之好吃，到此街而定案，再无争议。妙的是一家药铺是李记天福堂，制售阿魏丸，专治"积食症"——吃得太多，胀出病来。那些美食店堂，招牌太多记不住，品种太繁想不起，恕不一一介绍。

与一个非富家子弟的中学生有关系的仅仅两家，兹分述之。一家是"六六豆花面饭馆"，在商业场北口斜对面。豆花素面放炒黄豆、熟油辣子、大头菜颗，入碗豆花极嫩。豆花素饭，一方块稍老的豆花单独盛入小碗，放辣酱、花椒、葱花，非常下饭。两者皆价廉，顾客甚拥挤。另一家无店铺，设摊位在"六六豆花面饭馆"对面的高墙下，专卖泖饭。沸汤一泖，冷饭即熟，捞入碗中，放芽菜一撮，撒葱花几朵，挑猪油一勺，最宜车夫、小贩、学生图个方便。"泖饭"一词见于《大宋宣和遗事》，沸汤烫熟曰泖。今人不文，招牌皆作"冒饭"。不敢笑他们，他们是多数。

华兴正街不可漏说的是悦来戏院（今悦来茶园）。最初就叫悦来茶园，是一座茶园型的剧场，落成于宣统元年（1909年）。茶园型的剧场，戏台三面敞开，向前凸出。戏台下的前池、左池、右池，密密摆置茶桌。一桌镶配五

◆ 繁华的商业街入口（下）
◆ 上了年纪的成都人，几乎没有不知道悦来茶园的。坐落于华兴正街老郎庙侧的茶园于1909年建成后，先后接纳京戏、川戏和改良川戏各色戏班轮流演出。名角云集，好戏连台，竟日丝管纷纷，成为成都戏迷流连忘返的戏窝子。此为舞台正面。（右上）
◆ 老成都集市上拥挤热闹的情景（右下）

把椅子，可坐五人。茶桌三面包围戏台，观众就从三方看戏。前池座位票价高些，左池右池座位票价低些。其格局犹存宋代瓦肆勾栏的模样。有与异者，前池、左池、右池之上又有楼厢，专坐女宾，以免混淆。楼厢连成凹字之形，又似庙宇剧场。

悦来茶园当初选址老郎庙侧，因老郎为伶人之保护神，正如木匠供奉鲁班，求其保佑。据说老郎就是唐明皇李隆基，他设梨园，为戏班之始祖。悦来茶园落成，成都九个川戏班子三百多人，原先各自在庙宇和会馆演出的，此时组合成三庆会（川戏伶人团体），驻此常年演出。有固定的演出场所，演员生存有了保障，川剧艺术也大大改进了。到20世纪40年代末，那时已叫悦来戏院，演出剧目推出《血滴子》之类的机关布景，又推出《九度文公十度妻》，陈书舫主演，门上大幅广告，油画半裸女人。还上演新编戏《哑妇与娇妻》，尝试川剧"出新"。那时川戏已经不景气了，显示古典主义艺术已不完全适应现代商业社会世俗胃口。我那时爱的是"五四"以来的新文学，决不看川戏，认为太落伍。不过暗自欣赏《马房放奎》《长生殿》《阳和堂》的唱腔，又爱看《嫁妈》《请医》《裁缝偷布》之类的笑人戏。

华兴正街到这里尚未完，前面有一小段就不去了。现在左拐是商业场北口。成都之有商业场，犹北京之有东安市场。至于春熙路，不消说就是王府井了。商业场初名劝业场，落成于宣统元年，是成都最早的近代商场。翌年改名商业场。场内设有洋广百货、绸缎布匹、衣帽靴鞋、官帽套袍、皮裘鞍辔、刺绣提花、玻璃玉器、宫粉香胰、毛巾梳篦、巴黎香水、泰西纱缎、西洋栽绒、台湾番席、钟

◆ 20世纪40年代一个冬天，在成都春熙路西段东端华昌照相馆的楼上，镜头向北，拍摄春熙北段——成都最繁华的一条街。由北驶来一辆小汽车。从小汽车所在位置向右去是春熙东段。（上）
◆ 成都高乐烟厂申请快乐门烟标，实为摹仿英国双狮牌烟标，亦见当时风气。英烟双狮英文为PALL MALL。快乐门只改一个字母，已涉嫌侵权了。（下）

表眼镜、书画古玩、竹丝工艺、顾绣刻瓷、图书印刷、广东糖食、福建丝烟、纸烟火柴、红绿二茶、山珍海味、参茸燕桂、中西大菜、南堂点心、茶楼浴室等等行业，共计商店一百五十余家。场内步行街，两边列店铺，皆是一楼一底。楼上回廊四合，栏杆围绕。前后场口设有栅门，晨开夜闭。场内西北隅备置发电机，专供全场照明。黄昏时候，市民涌来争看亮灯。

当时，任劝业道道尹的是浙江籍贯而生在成都的周孝怀。商场能建成，有赖他推动。此人七渡东瀛，研究日本明治维新，初任巡警道道尹时，才三十岁。在四川建立起近代警察制度，也有赖他。两任道尹不过七年，讲求实干。蜀人总结他的劳绩，用了娼厂唱场四字。分说如下。

娼　他把成都上万的娼妓管起来，设红灯区，使娼合法，课以花捐。派警力守天涯石街和毛家拐街两个口子，

◆ 紧邻城墙的竹、木材市场（左）
◆ 1911年春，成都二仙庵外，劝业会颁奖仪式。（右上）
◆ 1922年在成都举办的四川第六届劝业会（右下）

◆ 舶来的洋玩意儿——电影像芳香浓酽的花茶一样吸引着老成都人。从1921年电影传入成都到此后的十年里，银幕上的悲欢离合、爱恨情仇缭绕而又兴奋地装点了他们的梦境，那真是电影的盛世。智育、大光明、中央、国民、蜀一、蓉光、大华等影院外无数次被疯狂的观众挤得水泄不通。电影仿佛是老成都人的精神盛筵。（上）

◆ 建于1909年3月的劝业场，是成都近代最早的商业中心。次年，劝业场更名为商业场，荟萃商业、游乐业于一场，场内百业兴盛。后屡遭变故，于一度繁荣后逐渐走向衰落。（下）

◆ 路边小店门口，悠闲地吸着长烟管的成都妇人。（右下）

不准地痞流氓滋事，不准青年子弟误人。同时禁止私娼，违者有罚。

厂　兴办慈善工厂多家，其中有纺纱厂、造纸厂、幼孩教育厂、乞丐工厂，又建老弱废疾院。

唱　前面介绍的茶园型的剧场，名曰悦来，就是他支持修建的。同时成立戏曲改良公会，由他亲自调审川戏剧目，组织文人修改剧本。

场　商业场带动了成都的工商业，使成都人耳目一新。1917年毁于火灾，事入巴金小说《家》中。原样修复后，又新辟场右的悦来场和场左的新集场，又热闹好些年。1933年又遭火灾。起火原因，我母亲说，有人随手抛烟蒂，落入装木刨花的筐子里，遂至炎炎奈何。其后勉强再修，不复旧观。楼上不再开店铺，楼下盛况亦不再。右边的悦来场开设了白玫瑰茶厅和沂春浴室，左边的新集场开

设了二泉茶厅和大光明美发厅，显示世风推移。

县城少年眼中，商业场我觉得够繁华了。我在这里首次"瞻仰"美国玻璃丝袜、香港赛璐珞麻将牌、上海蔻丹口红之类的奢侈品。察看标签天价，不胜骇异，乃知贫富悬殊如此。现今，旧场寸椽不存，眼前的钢筋水泥四层建筑物已经是第四座商业场了，韵味尽失。

商业场南口斜对着春熙路北口。春熙路1924年新建，比商业场晚。路分北段、南段、东段、西段。四段合为繁华街区中心。县上人不说去成都，而说"上"成都。上成都来，有事无事都去春熙路走一趟，否则不算上过成都。可知春熙路是有些人心理需求的对象。来成都读高中不用说，周末必去转春熙路。1950年起，下班吃了晚饭，都要散步到春熙路，已成习惯。今日的春熙路建筑豪华，晚灯辉煌。昔年的春熙路玲珑似珠，缥缈如梦。"距离美"，这就是。

玩珠入梦，走进春熙路北段。那些绸缎布匹、洋广百货、参茸燕桂、餐厅茶楼，作为中学生的我熟视无睹，且看有趣的吧。入北段街右边石柜台刀剪铺，刀具品种繁多，古老神奇，精巧漂亮。招牌是"廖广东"，产品是本地造。城郊乡下有铁匠炉，打造各种刀具，交"廖广东"收购，到这里上柜台。临邛冶铁锻器，秦汉早已著名，岂待"广东"而然。西汉文翁治蜀，首批留学生去长安深造，他们背负着蜀布和书刀（两种名优产品），到长安卖钱交学费。书刀属于文具，用来刮改竹简文字。"删""削"二字右边立刀，正是书刀。说这家刀剪铺"古老神奇"，根据在此。刀剪铺南邻一小店，挂售中外地图，亦甚可观。又南邻世界书局，很窄。又南邻及时钟表眼镜公司。及时就是

老成都·芙蓉秋梦

"on time"（准时），指钟表而言。又南邻春熙大饭店（旅馆），从未进去过。再南邻云裳美发厅，橱窗布置好莱坞影片和国产片的剧照，皆即将上映的，引我留步细看。当时有黄佐临导演的《假凤虚凰》面世，剧情为理发师绷阔少讲恋爱。这家云裳美发厅牵头，联络本市理发行业提出抗议，广发说帖，指控影片"侮辱同人"。影院怕被捣毁，终未上映。

再南去若干家，有商务印书馆成都分馆，专卖本馆出版书籍，品位甚高，世所推重。我读小学，教科书全都是商务本，所以见了商务徽记，倍感亲切。又南去有新中国书店，我在店里购得一本美国记者所著的 *New China*，分章介绍中国现状。英文浅显易读，作课外阅读用。星期天逛书店，固然可以站着看书，但是毕竟不算读书。逛书店的好处不是看书，而是打筑目录学的基础，同时也收"河

◆ 李丽华主演的《假凤虚凰》（上）
◆ 西川邮局使用的邮车，停在成都街头。（右）
◆ 成都邮局的邮差步行在市郊的山间竹林，登上小桥。（下）

伯观海"之效，看清自己之"丑"。

春熙路上任何餐厅皆未进过，仅在北段三益公门口吃过烤小饼。肥肉颗颗加葱白做馅，炉烤酥脆，极香，价廉。

春熙北段街左边，三益公对门，大华电影院，在此看过许多影片，其数量仅次于总府街智育电影院。难忘的是白杨主演的《八千里路云和月》，女主角是演剧队的，被轿车撞昏死，看得我哭了。那时正片之前，要加演新闻片。有一回新闻片竟然是毛泽东和江青，前者坐椅中，后者坐桌上，二人吸烟笑谈，十分潇洒。

北段南口有一家百货店，名聚福祥，春季大减价，夏季大减价，秋季大减价，年终大减价，一年四季都在减价，惹人发笑。且有乐队鼓吹，或以高音喇叭播送周璇歌曲，喧声可畏。北段南口还有一家银楼，我曾去卖金戒指。1948年秋季开学前，家中凑不足学杂伙食费，母亲脱下金戒指，叫我送到天成银楼换钱。从未卖过东西，我感到很为难。她知我"没出息"，就说："你递上高柜台，半句话也不要说。银楼童叟无欺，不会少给你一块钱。"我上成都到春熙路照着做了。营业先生把金戒指放上天平，声报重量。又在一块黑石板上擦一擦金戒指，留下一线金痕。然后比对样本，声报成色。见我无异议，他便付了钱。老招牌重信用，给我留下深刻印象。

进入春熙南段北口，街左边是鹤立鸡群的新闻大厦，昔年算是春熙路的最高楼了。《新新新闻》在此。这家民营日报，四开八版两张，多载省内地方新闻，订户最多。地方新闻揭发贪污，也敢说话，不过仅限于打苍蝇捉老鼠。日有言论专栏曰"小铁椎"，都是五六百字议论（今之杂文），大受读者欢迎。我家中曾订有《新新新闻》。县城

◆ 白杨与陶金主演的《八千里
路云和月》（上）
◆ 1920年的成都模范大街——
东大街，为民国时期成都市商业
中心区。（下）

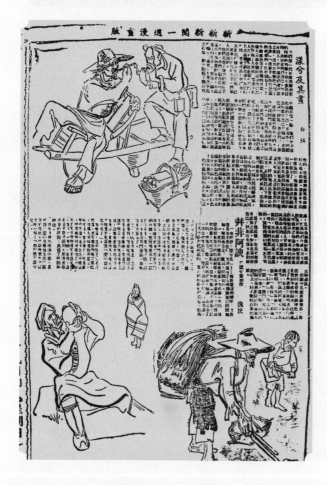

◆ 成都市民夹道欢迎解放军入城（左上）

◆ 1935年,《新新闻》报开辟"一周漫画"专栏,谢趣生任专栏编辑。该专栏在当时的成都颇有影响,谢也因此成为成都家喻户晓的人物。(左下)

◆ 创办于1898年的《蜀学报》,是四川改良派组织的维新团体蜀学会的机关报,也是成都第一家近代报刊。继后又有多家报刊相继问世。辛亥革命前戏,成都公开发行的报刊已逾一百种。(上)

罗快报每晨骑车去成都,取得报纸,黄昏骑归,送订户家。灯下看报,初中生的我能看懂国际时事和地方新闻,就是看不懂广告版的"包医花柳"、"白浊三日断根"、"专割包皮过长",又不好问大人。还有"从良启事",天天都有,千篇一律,我都能背诵了,还是不懂。其文曰:"□□年幼无知,误入青楼,今蒙□君拔出火坑。从今以后,新知旧好,一概谢绝。"文中□□是一女子之名,如素云、春芳、秀兰之类。□是赵钱孙李周吴郑王皆可。上高中才知道这是妓女脱离苦海,嫁人从良,表示决心。人老了方懂得,这是某嫖客包养某妓女两三月或半年。真要改行从良,何必刊登广告。新闻大厦底楼门面是该报营业厅。厅中有长柜台隔断内外,台外留作走道。闲人可以由此进入,到新式厕所间去方便。此亦"联系群众"一法。厕所外面设置网罩,饲养鸟类,供人观赏。金堂私立崇正初中毕业的同学,曾借大厦二楼聚会,恭请该报老总陈斯孝来训词。陈总广汉县人,笑容亲切。面容记得,讲话忘了。

新闻大厦南邻《新中国日报》所在地。当时省成中校门口贴有多家报纸，最受欢迎的是《西方日报》《建设日报》，最被冷落的是《新中国日报》《中兴日报》。《新中国日报》是青年党办的，《中兴日报》是国民党办的。

说到《新中国日报》，想起笑话一件。该报原称解放军为匪军，解放军于1949年4月21日渡江后，头版头条标题就改称了。题曰："蒋山青处满江红，共军两万入南京。"颇具诗意，俨然作壁上观，变得多快啊。

春熙路最有趣的记忆是1949年渡江战的前后，确切日期已忘。是个星期天的中午，我刚走到北段和东段交接处，忽闻一片"来了"的惊喊声，但见孙中山铜像下银圆市数百人狂奔四散，各自逃命。紧接着我周围行路人也叫喊着奔跑起来。我虽不知出了啥事，但也吓得随众奔跑。春熙东段两边店铺噼噼啪啪忙关铺板，我心头更恐惧，估计快

◆ 20年代的春熙路，是成都市商业中心，空前热闹。（下）
◆ 东大街过街木牌坊下，畅销全省的嘉定府（乐山）邓阳绸布料的招牌十分醒目。（右）

跑也逃不脱，急步跳上街沿，趁一家裁缝铺正在关门，便闪进去，暂时躲避。躲避未久，听见外面又在开铺板了。裁缝开门侦察，回头一笑，对我说："没事了。又在扯地皮风。"想起《左传》楚国首都大街之上"相惊伯有"，大约也如此吧。一个政权临崩溃前，大家心怀恐惧，以讹传讹，遂有风声鹤唳"来了"之惊。

春熙南段走到南口，右边一家绸缎铺，据说是市商会理事长钟云鹤开设的。我的一位老家同院邻居小友，姓彭，名叫道成，十五岁到这家绸缎铺当学徒。我多次路过这里，看见他应对顾客，想到我自己读书之不易。又想起十一岁时，我和他在一起练揸笔写大字，两人同去庙里看匾对，观赏金堂县城两大写家蒋君藩和陈梵仙的大字，并摹写之。当时朝夕过从，不数年间，竟成陌路。

◆ 20世纪40年代的成都，黄包车充斥街头。（上）
◆ 轿子是旧时重要的代步工具（下）

站在南口，横陈在眼前的是东大街——老成都的第一长街，亦属繁华街区，但见满街放小跑的街车。黄包车的官称，先是快轮车，后是人力车。市民不接受，仍叫黄包车，因为19世纪末从上海传来就叫黄包车。这是美国基督教传教士乔纳森·高柏发明的，英文名"Jinricksha"。发明过程中，得一日本木匠协助，所以读音有日语味，又名东洋车。黄包车通用于拉长途。当时所谓长，百里左右吧。如果不拉长途，充气轮胎改为板带轮胎，进城来拉街区，那就改名曰街车了。从前街区交通多靠二人抬的轿子，到了20世纪30年代，才被一人拉的街车取代。

你是成都人，到街头叫一声"车子"，双臂挽拉杆而鹄立待雇的那位车夫（多半是安岳、乐至、仁寿、简阳乡下人），闻声回头，立刻拉来，问道"哪里"。你答某街。他说价钱。你给他打八折。他放下拉杆说："上来嘛。"你坐上去，不用催他，他也飞跑。前头有车来，他喊"撞倒"警告之。逢左右拐，都须喊叫"少来"，庶免碰撞。车子是租来的，车行老板抽"车底子"亦即租金，平均约占车夫每日收入之半。若拉自置的车，其收入亦不错，日子好过。《新新新闻》漫画增刊曾见一幅漫画，至今不忘。画的是小饭馆，眼镜公务员与车夫各坐一桌，公务员夹豆芽自语云："豆芽有营养。"车夫阔嘴笑喊："来一份盐煎肉哇！"省文联老工友钟万山，回忆他那时拉街车，亦说如此。我当右派分子，老钟带我拉煤，挣扎上坡之际，他说："比拉街车重一百倍。"后来我曾梦想："回到旧社会去，我拉自置街车，不当右派，多快乐哟！"这些皆系后话。回到老成都去，接着说吧。

　　站在春熙南段南口，东大街横陈在眼前。左拐，星期天我去省立图书馆阅览室看《星岛日报》和上海《密勒氏

◆ 四川平原上独具特色的载人工具——鸡公车（左下）
◆ 抗战初期成都街头坐人力车的女学生（右）
◆ 行进在成都平原上的独轮车和轿子（下）

评论报》。右拐，我几次去《西方日报》营业处领稿费买小吃。不左不右，若直走便是走马街，猗欤休哉，牛肉焦粑赫然在焉！稿费来矣，且大嚼之。就近还有东大街城隍庙的荞面、黄凉粉、肥肠豆汤、牛肉炖萝卜，要把人吃昏死。苏醒后又去吃利宾筵的锅魁夹肉，以及蓉光电影院旁边的锅魁夹兔丝，不小心连舌头都吞下肚子了。说到这锅魁，还得赘几句。原系张献忠屠蜀后，清代初年"湖广填四川"时，陕西人带来的。锅魁饼是烧饼之一种。烙这种烧饼，要用带柄平锅。待半熟后，傍置炉内，烘烤全熟。带柄平锅，柄身短，锅头大，陕人叫作锅魁。魁有大头之义。用锅魁烙的饼本该叫锅魁饼，省去饼字，只叫锅魁。这样省字，正如火锅菜省去菜字，都说吃火锅，火锅岂能吃。语言惯例如此，不通也就通了。

走马街北口的左边，吃牛肉焦粑时忽然想起，从五世同堂街省成中走出来，一路走到这里，正是1947年同学们反内战反饥饿大游行的路线。示威游行队伍走到这里，暂时停下。高我一班的雷家琨骑车前去，左拐入督院街侦察后回来说："没有兵，可以去。"于是我们继续前进，到省政府门前高呼"打倒王陵基""打倒国民党"，果然没事，全胜而归。

十年后我当了右派分子，"人民的敌人，当做人民内部矛盾处理"，"开除公职，留机关监督劳动"。

又一个十年后，金堂县委书记雷家琨被揪出来，押到全县各乡镇去批斗，难以忍受，上吊而亡，"自绝于人民"。

第六章

考古廓垣甚物存

老 成都能老到哪一年？答曰难说。

2002年扩展新巷子，深掘到七公尺时，下面一层全是卵石。我很兴奋，原来这条巷子七千年前是河床。自此日日必去察看，发现向东延去的四圣祠街与向西延去的岳府街，深掘到七公尺，都同样是卵石，心想这里曾经有一条河，直流出水东门。我把我的看法告诉现场的施工长。他冷淡回答说："成都任何一处，挖到七八公尺，都是卵石。"一言提醒，我才明白，原来七千年前，这一片小小的平原上，到处都是河滩地啊！补说一句：我假设一千年堆积一公尺厚，所以七公尺深就是七千年前。这是老成都的上限，再老也老不过七千年。

广汉三星堆古文化遗址有灿烂的青铜文化，还有古蜀国城址，建造年代相当于中原的商朝初期，距今已三千七百年了。那个城址虽有可能是古蜀国国都，但不能

◆ 处于成都心脏地位的皇城，历经沧桑。明末张献忠毁城后，清初成都重建，始有皇城——在明蜀王府的旧址上建立的贡院街建筑群（有至公堂、明远楼、清白堂、文昌宫、誊录官厅、考棚等主要建筑）。图中牌坊向外那面有"为国求贤"四字。照片是在皇城门楼上向南俯拍的。石板路向南延伸去便是贡院街，俗称皇城坝。（左上）
◆ 灌县上游岷江的一段。两旁青山对峙，岷江水浩浩荡荡。（左下）
◆ 俯瞰老成都城区，能捕捉到历史的痕迹。（右）

视之为老成都，因为成都的"成"有其特殊含义。"成"字从戊，丁声。成的古音读丁，不读"chéng"。成即巅，高地也。川、青、甘三省交界处有古羌族的一支，沿着岷江河谷逐渐南下，自称"成人"，即从高地下来的人。这些"成人"聚居之地就叫"成都"。最初可能只是一个小小村落，在今成都市区之内。南下的这些羌人与古蜀人通婚融合，民族特色消失，而地名却保留下来。到了战国时期，蜀国开明第九代迁都到成都。开明第一代是治水的鳖灵，国都郫邑（今郫县）。从鳖灵起，到第九代，三百年间，国都三迁。一迁新都。二迁广都（今成都市中兴场）。三迁成都。频繁迁都，原因是闹水患。这一片平原上，虽然已非七千年前"到处都是河滩地"，但是沮洳潦泽仍多。大约又过百年，传到开明第十二代，蜀国亡于强秦，时在公元前316年。公元前310年张仪筑成都新城。旧城是蜀

◆ 一百多年前的成都槐树街，路面平整，绿树成荫。（左）
◆ 民国初成都西北郊郫县西城门（右）

国的故都，保留下来。新城又叫大城，旧城又叫少城。文翁石室背后曾有一段土墙，就是大城南垣，残址清末还在。可以推测，大城位于今城之西南隅。少城在大城西，清代满城之内。

大城南垣内新修居民区，名曰赤里（今南大街）。秦国移民老陕万家，住在赤里。郡守以秦人作依靠，统治蜀人。秦皇鲸吞六国，刘邦灭杀项羽，多亏蜀地提供军粮、车材、兵铁、战士。西汉景帝时，文翁做太守，修水利，办学堂，蜀人始见一线光明。"文翁"是蜀人对他的敬称。他姓文，名党，字仲翁，庐江郡舒县（安徽舒城）人。考虑到蜀地百姓尚处在蒙昧状态，他从长安聘请教师，成都城南办起学堂。学生就是各县吏员。等他们毕业了，都留堂当教师，再教百姓人家子弟读书。读书还有优惠，一是免服劳役，二是可做吏员。而成绩特优者，还能公费送长

安入太学。蜀中学风由此丕振，追比儒学先进的齐鲁地区，成都遂被视为文化城市，迄今不改。

　　所谓石室，原系学堂的藏书室，也属文翁时的旧筑。东汉中平年间，学堂毁于火，唯石室犹存，乃成为文化的象征体。兴平元年（194年）重修学堂，增筑礼殿一座，供奉周公孔子等先贤。初唐四杰之一卢照邻有《文翁讲堂》一首：

◆ 始建于五代时期的成都灌县文庙的正殿（下）
◆ 成都少城旧址是古代蜀国的都城。这是清末少城宁静的街道，历史远去了，喧嚣也远去了。（右）

> 锦里淹中馆，岷山稷下亭。
> 空梁无燕雀，古壁有丹青。
> 槐落犹疑市，苔深不辨铭。
> 良哉二千石，江汉表遗灵。

　　宋代李石到此瞻仰，发现千年前张仪所筑城墙还存留

◆ 成都皇城大门外的石狮子
（左）
◆ 成都王建墓抬棺力士，及棺
床上二十四伎乐石刻。（下）
◆ 成都西去百里外的灌县二王
庙后院（右）

一段在学堂背后，"虽颓圮，所存如崖壁峭立，亦学舍之奇观也"。作诗一首，以记其事："泮林堂后面峥嵘，不道诗书恨未平。瓜蔓沉坑余鬼哭，此间学校倚秦城。"谴责焚书坑儒，诗题《府学》。实在说来，张仪筑城是在战国时期，早于秦始皇焚书坑儒整整九十年，不好扯在一起说吧。

东汉增筑的那座礼殿，为木结构，低檐方柱，柱体上小下大，乃汉代的建筑格式。代代保护，竟维持千余年。元代曾毁坏，又重修。最后彻底毁于张献忠之纵火。清顺治十八年（1661年）再重修学堂。礼殿虽已不存，但其旧址正是清代成都府文庙大成殿之所在。历代先人用心良苦，务使文化遗踪不至泯灭，令人感动。清代锦江书院设此。光绪末年改为成都府中学堂，今为石室中学。小小一地，两千一百余年以来，弦歌至今不辍，真是奇迹。

回头接着说城。秦时张仪所定双城格局，维持到汉以后。汉时成都仍然大城在东，少城在西，在两城结合处有共同的城墙。这个成都，双城合在一起，城圈才八里半，以今日眼光看，小得可怜。东城垣大约在古中市街到青石桥南街一线。西城垣大约在小南街到长顺中街一线。北城垣大约在长顺中街经厚载门到古中寺街一线。四条线围成一个六角形，所以又名龟城。六角城外便是乡下。蜀汉刘备登极，"即皇帝位于成都武担山之南"，在今北较场内。当时是北城外两三里远，平坝开阔，便于祭祀活动。蜀汉皇宫估计在青龙街这一带，不过尚无实物出土作证。成都市民误指皇城明远楼为"刘皇叔金銮殿"，可知历史常识有待普及。

到了隋朝开国，隋文帝杨坚封其子杨秀为蜀王。于是新修王城，在大城内。王城之内又修宫城。杨秀住在宫城。

◆ 成都商业街出土战国时期蜀国船棺（下）
◆ 竹木及绳索做成的索桥，悬于山间河流之上。（右上）
◆ 成都文殊院大殿（右下）

宫城遗址才是今之皇城所在。杨秀同时扩筑大城，北城垣向北展到江汉路上，北城门出去就是武担山了。大城旧有的北城门在厚载门附近，可知向北扩展了两三里远。又扩筑早被东晋桓温夷平了的少城，西城垣向外展出两隅，所扩不多。这个扩大的成都城城圈也才十里。唐肃宗乾元二年腊月初（760年1月）杜甫从甘肃逃荒抵成都，他写的《成都府》就是这个城圈十里的隋城。这是杜甫来成都的第一首诗，全引如下：

> 翳翳桑榆日，照我征衣裳。
>
> 我行山川异，忽在天一方。
>
> 但逢新人民，未卜见故乡。
>
> 大江东流去，游子日月长。
>
> 曾城填华屋，季冬树木苍。
>
> 喧然名都会，吹箫间笙簧。
>
> 信美无与适，侧身望川梁。
>
> 鸟雀夜各归，中原杳茫茫。
>
> 初月出不高，众星尚争光。
>
> 自古有羁旅，我何苦哀伤。

诗中"曾城"即层城。唐代成都仍旧维持隋城格局，一城包含二城：一个大城，一个少城。大城又包含着王城。王城又包含着宫城。"曾城"形容成都城，十分妥帖。杜甫是从北路来的，诗中"大江东流去"却不是北门外的府河，那时尚无府河。杜甫是在凤凰山和磨盘山以北的路上渡过一条大江的。《水经·江水注》云："江水又东别为沱，开明之所凿也。"说的就是这条大江，唐时还在。北门外的府河，要到百年以后晚唐才有，杜甫怎能见到。

开掘这条府河是成都历史上一大事件，多说几句。

秦朝李冰治水，"穿二江于成都"。那时南门外，平行两条江。离城近的一条叫内江，离城远的一条叫外江。二江滔滔，向东流去。江上有桥七座，街市繁华。到了晚唐，高骈镇蜀，防御南诏国的再次侵犯，需要扩城，便在内江上游，成都的西北郊糜枣堰，筑九里堤，导引内江之水改道，流向北郊和东郊，成为府河，到合江亭与外江合流。南门外的内江故道干涸填平，就好向南扩城，抵拢外江。外江就是今之南河，又名锦江。向北向东同样扩城，抵拢新开的府河。扩城使得成都城区变大，接近明清两代规模。

不过我们还得退回到扩城以前去。比杜甫来成都早五年，公元755年安史之乱，翌年长安陷落，唐玄宗逃成都，暂驻两年，留下一笔巨额文化遗产，那就是他下令

◆ 1917年战火过后的成都民房。图片左上可遥见皇城城墙、明远楼等。(左下)

◆ 蜀道难，难于上青天。川民借助缆绳渡河，谓之溜索。(右)

◆ 成都郊外道旁的神龛，享四方香火，八方朝拜。(右下)

修建的大圣慈寺。原有匾额"大圣慈寺"是他手书。建寺时这里是成都东郊，不占民居，所以寺址千亩，极其宽广。山门南向，越过今之东大街，抵达今之扒街。寺北抵达今之四圣祠街。寺西抵达今之双栅子街、梓潼桥正街、福兴街、科甲巷、城守街。寺东，据陆游《老学庵笔记》载，开门就是大河（今之府河）。寺有九十六座院落，八千五百二十四间，以及大片丛林绕合，其范围比今之大慈寺大数十倍。寺院修这样大，是为了收容安史之乱逃成都的难民。先有大和尚名英干，组织僧众，广施粥饭，救济难民。唐玄宗表扬他，然后下令修建大圣慈寺，可知意在安民，不在礼佛。杜甫从甘肃同谷县出发，带着家人，跟随浩浩荡荡的难民队伍，以及同谷地区逃荒的饥民，翻山越岭，晓行夜宿，路上走了两个月，来到成都，投宿受粥大圣慈寺，是最佳的选择。他比别的饥民幸运，认识成

◆ 灌县二王庙入口（左）
◆ 成都新都宝光寺里的塔林（右）

都"军区司令"严武之父，在寺院安顿好家人后，便去谒见严武，请求照顾。严武敬老恤贫，安排他和家人去西郊草堂寺结茅暂居。邻靠庙宇，好赶斋饭。此地江村，农户仅两三家，空地多多的是。杜甫一家种些芋薯瓜茄，便不至于像在同谷那样活活饿死幺儿。成都有情义，待诗人不薄。

安史之乱，中原残破，成都却远远地"在天一方"，未被殃及。大街小巷，广厦华屋，日则市肆喧阗，晚则笙箫欢闹，而"中原杳茫茫"，不知哪年才得太平。大圣慈寺既是难民收容所，又是东郊大市场。寺内院落，多设店铺，租给行商坐贾，百货纷呈，顾客拥挤。又有庙会，蚕市、扇市、药市、珠宝市一年到头轮转不歇。寺前广场又是游乐胜地，极富世俗色彩。

成都老一辈人不叫大慈寺，而叫太慈寺。大读太音，

◆ 成都文殊院大彻堂（禅堂），
僧众在打坐参禅。（左下）
◆ 成都大慈寺一角（上）
◆ 大圣慈寺由唐宋极盛，至明
清衰败，除了"大军一到，玉
石俱焚"的战祸戎害外，更重要
地表明了成都城市的发展过程
中，世俗的商业气息对宗教氛围
的不战而胜。老百姓有一个平实
的道理：吃饭第一，烧香第二。
（下）

◆ 灌县伏龙观内的李冰像（左）
◆ 成都大慈寺茶馆（下）

唐腔犹存，倍觉亲切。

　　大圣慈寺的盛况，历前蜀和后蜀，又历宋元明三代，到明宣宗宣德十年（1435年）毁于大火。四十年后修复，寺北退缩到书院街南口，寺南寺西寺东皆有退缩，盛况不再。寺北退缩最多，空地被那不要脸的"洗鸟御史"万安占作私宅。万安失宠，改设大益书院。书院街留名至今，而大益书院在何处，已难确指。到了明末，寺史已过千年，仍有僧众上万。这些勇敢的和尚，曾打退张献忠造反大军，把他们追赶到猛追湾。随后张献忠又来犯成都，要报追杀之仇，纵火烧光这座寺院，杀绝和尚。清代康熙年间，重修古寺，南北西东四方再次大大退缩。清末四川学政黄云鹄写门额"古大圣慈寺"五个箩筐大字，今已不存。20世纪30年代军阀混战，李家钰部队驻扎大慈寺，捣碎两座药叉铜像，铸造铜元。后殿还有一座阿弥陀佛，青铜闪亮，

一丈六尺高，背上刻有小篆"李冰造"三个字，每个字五寸高四寸宽。寺僧传说，李冰治水，造佛像镇海眼。流播民间，就说半夜俯耳静听，海潮之声可闻。又说佛像若移动，洪水淹成都。军阀迷信，不敢捣毁，才保住了。其实"李冰造"乃善意的造假。小篆是秦始皇丞相李斯制作的，而李冰治水在秦惠王年间，比李斯早百年，那时哪有小篆。何况佛教传入中国更要晚得多，已是东汉明帝时了。据考证，这座青铜佛像可能是南北朝梁代造。

怎奈"李冰造"能吓退军阀，却吓不退1958年"大跃进运动"，终于被毁。伤哉文物，遂成永别。这年修东风路，后殿不幸位于路上，正值街心，只好全殿铲除，寺北再次退缩了。蒙友人告知，那座青铜阿弥陀佛像前面，曾挂木刻对联，名列"五老七贤"的颜楷撰书。联曰：

◆ 民国初年的成都关帝庙，已经成了一座小学堂。（左）
◆ 四个人抬着神龛游行。老百姓希望自己的虔诚能神佛，降临好运。（右）

◆ 当年成都城内的绿化率非今天所能比拟（左上）
◆ 站在城墙上看成都东门（左下）
◆ 清末古老的成都街巷，尽显荒凉。（右下）

立脚镇蜀川，预防沧海横流日。

以手援天下，应现金刚不坏身。

现在读起来，简直是反讽，令人失笑。现在我写此书，家住大慈寺路三十号院。门外横过街，就是大慈寺。明代宣德年间失火之前，我现在寓居的这座楼，基址也在大慈寺内，后来演变成了火灾后的窄街陋巷。清末周孝怀搞"娼厂唱场"，大慈寺以北一大片街巷都划入红灯区，派警察看守。那时尚无红灯区之名，皆呼为新花街（新开辟的花街）。周孝怀嫌不雅，改名曰兴化街（振兴教化之街）。

读《成都城坊古迹考》，才知道我住的宿舍背后毛家拐街即新花街。街短无拐，名实不符。稍作考证，总算明白。原来老毛家拐，一拐拐入我们宿舍区内，二拐拐过我的南窗下面，闹了半天我就住在新花街上邪淫之地。少时

听人互骂"新花街上来的"，受者莫不以为奇耻大辱，非打一架不可。现在想来，觉得吃惊。世事白云苍狗，真难预料我会搬迁到这里来。

　　新花街之成为历史，仅五十年，太近，所以想来令我吃惊。若事去已千年，吾人不读历史，一无所知，就不会吃惊了。我寓居的这座楼下，千年前是后蜀大圣慈寺心脏地区，你敢说孟昶没有和花蕊夫人来过这里，就在我的窗外？

◆ 灵岩寺观音洞。灵岩寺是过去"灌县十景"之一，始建于金，今存建筑为清代遗留。（下）
◆ 宝光寺中的佛教仪式（右上）
◆ 青羊宫始建于周代，黄巢起义时唐僖宗避难蜀中，曾将其作为行宫。明朝毁于兵灾，现存建筑多为清初重建。（右下）

第七章

※

秋晚芙蓉亡国恨

◆ 成都南去四百里的乐山大佛维修场景（左）

◆ 流经北门大桥的府河段既是一条有生命的河流，又是一处诗情画意的所在。那时河水是清澈的，水草青青，游鱼可见的河岸边，时常漾荡起浣衣女的嬉闹声和孩子们的欢笑。（下）

◆ 百年前的成都东门码头，乌篷船来往穿梭。现在已经看不到这样恍若江南水乡的景致了。（右下）

千年前大慈寺的西墙，贴近今福兴街、科甲巷、城守街一线，墙外有解玉溪的潺潺流水，由今梓潼桥正街（当时还是河床）流到这里来，沿着墙外一直向南流去。寺的西墙开有侧门，入门即玉溪院。取名玉溪，可知此院必在解玉溪的东岸。广政元年（938年）上巳节（阴历三月上旬），孟昶十九岁，在此院宴从官，人人赋诗。这是仿效兰亭曲水流觞之会，文人雅事。前蜀王建父子，粗鄙不文，从来不搞这类活动。前蜀后蜀皆属"窃据一方"，然而有文鄙之分，不可混为一谈。玉溪院的位置，估计在今省图书馆附近一带。每晚散步，途经此地，总会走神入迷。若有"时光隧道"，可通古代成都，从灯火辉煌的大街忽然跨到一千年前月明星稀的解玉溪岸，隔墙听见寺僧晚唱梵呗，钟磬悠悠，若召迷魂归去，我愿留在那里，不再返回。

我对后蜀颇有好感。开国皇帝孟知祥，太原人，原来是个没有野心的将军。孟知祥出自将领家庭，自身亦任军职，受命入蜀平叛，遂掌大权。先是效忠于唐庄宗。庄宗死后，又效忠于唐明宗。唐明宗在后唐算是最有为的皇帝。其为人也，淳朴果敢。惜乎在位时间太短，只有五年，不然定有更多的壮举，或能挽回后唐之颓势。当时两大严重问题，一是藩镇跋扈于外，二是宦官弄权于内。唐明宗即位后，诛宦官，罢监军（朝廷派出宦官监督军队）。尤可异者，金殿之上，左右两边，各塑农夫农妇之像，示不忘本。这不是他个人之本（他并非农家子），而是全社会之根本。这种观念，见之于残唐五代帝王者，仅此一例。

唐明宗本来是信任孟知祥的，因受奸臣挑拨告密，曾怀疑孟知祥不忠。后醒悟，加封为蜀王。唐明宗在位五年而崩殂，中原又入乱局，孟知祥效忠的后唐政权名存实亡。

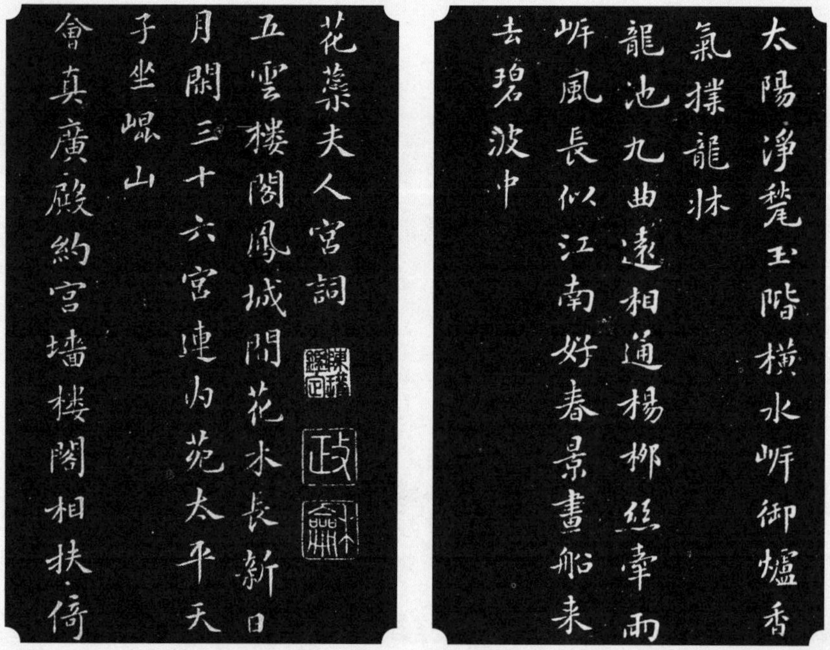

太陽淨瑶玉階橫水岈御爐香
氣撲龍牀
龍池九曲遠相通楊栁絲牽雨
岈風長似江南好春景畫船來
去碧波中

花蘂夫人宮詞
五雲樓閣鳳城間花水長新日
月閒三十六宮連內苑太平天
子坐岷山
會真廣殿約宮墻樓閣相扶·倚

◆ 苏东坡所作《花蕊夫人宫词》（局部）。此宫词描写了孟昶和其妃花蕊夫人夏夜在摩诃池上纳凉的情景。（左下）
◆ 王建墓谥宝（右）
◆ 叙州府半边寺。寺庙紧靠山崖而建，临江部分悬空而立，半寺半岩，岩中有寺，寺中有岩。（下）

蜀国百官联名拥戴孟知祥做皇帝。孟知祥说："德薄不配。已封蜀王，足够了。"下面的官员们盼望藉此升级，加官晋爵，所以劝进不已。最后拗不过，勉强在蜀国当皇帝。这是乱世，无奇不有。

孟知祥做皇帝仅半年，就"见唐明宗"去了。在位期间，只有一次活动，就是这年炎夏到大慈寺拜谒唐玄宗和唐僖宗两位真皇帝的肖像。大慈寺共九十六院，其一为御容院，供有玄宗和僖宗的御容。到这里来拜谒，表示不忘大唐。孟知祥明白，这两位才是真命天子，而他只算窃据称王。待到这年暑退凉生，他便一病而亡。《蜀梼杌》云："知祥好学问，性宽厚，抚民以仁惠，驭卒以恩威，接士大夫以礼。薨之日，蜀人甚哀之。"

这一年是公元934年。太子孟昶即位，仅十五岁。孟昶在位三十一年，做过两件大事，影响久远，后人称赞。

第一件是广政四年（941年），二十二岁，颁布《官箴韵文》，命令各郡各县刻石立碑于衙门大堂上。全文如下。

朕念赤子，旰食宵衣。托之令长，抚养安绥。

政在三易，道在七丝。驱鸡为理，留犊为规。

宽猛得所，风俗可移。无令侵削，毋使疮痍。

下民易虐，上天难欺。赋舆是切，军国是资。

朕之爵赏，固不逾时。尔俸尔禄，民膏民脂。

为人父母，罔不仁慈。特为尔戒，体朕深思。

后蜀亡国之后，宋太祖赵匡胤（一说宋太宗赵匡义）删繁就简，只留四句，名《戒石铭》颁布天下："尔俸尔禄，民膏民脂。下民易虐，上天难欺。"更觉剀切有力。各州

县衙门莫不立此碑，直到清代仍然如此。

　　第二件是石刻《孝经》《论语》《尔雅》《周易》《尚书》《周礼》《毛诗》《仪礼》《礼记》《左传》十种，立于石室太学，斯为石刻十经，以利学子抄录成册。工程浩大，历时八年。石碑千余，空前绝后。又考虑到石经流传不广，乃刻木版，印成书册。十经之外，又刻印了《文选》《初学记》《白氏六帖》等等。木版印书，实始于蜀。后人搜求宋版书籍，仍以蜀本质量为最。十经是学堂的教科书，有了木版印书，不再手抄，多方便啊。北宋时又石刻《公羊》《谷梁》《孟子》，乃凑齐十三经。南宋时陆游到石室来访古，听见石经堂内拓碑之声，有诗记其事云：

访客客已去，追凉成独行。

衣冠严汉殿，草木拱秦城。

古甃苍苔滑，空庭落日明。

出门还惝恍，列屋打碑声。

◆ 灌县索桥（左上）
◆ 刘备墓在成都老南门外武侯祠内。一说为刘备衣冠墓。墓道有清朝将军崇实撰联云：
　　一抔土，尚巍然。问他铜雀荒台，何处是漳河疑冢。
　　三足鼎，今已矣。对此石麟古道，犹想象汉代官仪。（右上）
◆ 老成都豪宅花园内的亭台楼阁及假山（右下）

◆ 王建墓托棺床的力士

孟昶在位的三十一年里，中原干戈不息，而蜀国则太平日久，民乐小康，斗米三钱，温饱不愁。成都人不逃难，活到三十岁了，分不清楚稻秧麦苗，说笋子和芋儿是树上结的。年年暮春，倾城出游。散花楼前，万里桥边，一路西去，到浣花溪的香锦浦，尽是绸锦男士，珠翠女子，歌乐笑闹，不绝于耳。更有殷实富家，浣花溪上筑有亭榭，供春游观赏宴饮用。

广政十二年（949年），孟昶三十岁，秋游浣花溪，乘坐龙船观赏水上杂技。上游下游十里溪岸，民众争看表演，如望仙境。孟昶引杜诗得意说："曲江金殿锁千门，不如这里。"兵部尚书王廷珪献联云："十字水中分岛屿，数重花外现楼台。"孟昶连声说，佳句佳句。

是年初冬，又宴百官于合江园（今合江亭）芳华楼，观赏红栀子花。据成都人景涣著《野人闲话》载，前此两年，孟昶留心园艺，征集奇花异草，种植芳华楼前。有青城山来客申迅，送入红栀子花种子三粒，获赐丝一捆，背到街市，散给贫民，不知去了何处。孟昶吩咐种在内园，两年后开六出红花，清香如梅。孟昶珍爱，叫画在团扇上。花谢结实，确系栀子，用来染素，呈赭红色，十分鲜妍，为世所重。

翌年中原血战，长安被围，食尽，吃女人和娃娃。而成都外圈土城上的芙蓉盛开，孟昶好生高兴。芙蓉树是他即位后下令栽的，十年易过，花盛开了。车驾出城环游，四十里路跑完一圈。远望城上，如挂红锦。孟昶对左右说："自古名叫锦城。今天看来，这才叫真锦城。"按芙蓉原本荷花别名。fú音之字多具大义，例如扶桑。芙蓉是说荷花硕大，而芙蓉树另是一种木本植物，开花不大，花朵形状亦不近似荷花，只能叫伪芙蓉。

　　还有一点，孟昶可能也未想过。此花一日三变，晨白午红夕紫，朝开暮落，荣华短暂，令人伤感。这或许不是花，是秋天的一场凄凉梦吧？后人不管，叫成都芙蓉城，简称曰蓉。

　　广政十六年（953年），孟昶三十四岁，端午节陪母亲太原李氏摩诃池上龙船竞渡。摩诃池在蜀宫西内，北岸抵达今西御河沿街，南岸抵达今人民西路。20世纪50年代尚存的西御河应是摩诃池的最后残余，今则杳无迹矣。蜀宫正门（南门）当时叫狮子门，在今人民东路电报大楼钟塔之下。1958年修建大楼时，此处挖掘到巨大的柱础和石狮，蜀宫旧物也。摩诃池即大池。摩诃梵语译音，意思是大。池西岸上，背靠宫城西墙，孟昶筑有凌波殿和太虚阁。翰林学士欧阳炯作记云："兹殿也，瑶池水满，浮镜里之

◆ 成都西北郊野外风光（下）
◆ 端午时节，川民遵循传统，在江中举行龙舟竞赛。（右上）
◆ 成都发现战国时期蜀国大型船棺墓（右下）

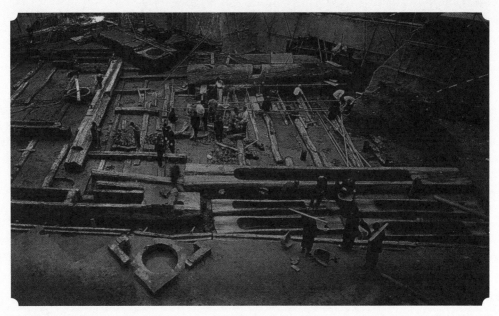

◆ 旧时的节孝牌坊。牌坊中部两边分别有"冰清"、"玉洁"的刻字，可见这是俗称的"贞节牌坊"。（上）
◆ 东坡故里眉山三苏公园之百坡亭（下）

楼台；玉树风清，锁湖中之日月。"这里正是炎夏纳凉的好地方。苏轼小时候，在眉山老家听一位九十多岁的老尼姑讲故事，回忆她少女时服务蜀宫，某年夏夜，孟昶陪花蕊夫人坐摩诃池畔纳凉，填词一首。头两句云："冰肌玉骨，自清凉无汗。"而下面的她忘记了。苏轼多年后猜词牌是《洞仙歌》，代为填满如下：

冰肌玉骨，自清凉无汗。水殿风来暗香满。绣帘开，一点明月窥人。人未寝，欹枕钗横鬓乱。
起来携素手，庭户无声，时见疏星渡河汉。试问夜如何？夜已三更，金波淡，玉绳低转。但屈指西风几时来？又不道流年，暗中偷换。

每诵此词到结尾"流年暗中偷换"，我就恍惚听见嚓嚓嚓的跳秒声，惊心于时光之流转迅速，似在推人走向终局。广政二十七年（964年），终局快到了。往回境外也有威胁，都是一场虚惊。这回不同，是那个"一条棍，等身齐，打四百座军州都姓赵"搞兵变的皇帝，派两路大军来伐蜀。孟昶正如李煜，不搞军国主义，从来偃武修文，哪有实力御敌。夔门剑门，相继失守。再派兵去抵抗，等于白白送死，于心有所不忍，只好上表投降。孟昶是一个文化帝王，投降前十二天，正是腊月三十，还有心情带头撰贴春联。上联"新年纳余庆"，下联"嘉节贺长春"。只道是文字游戏，又谁知"一不小心"成为风俗，由成都而传遍中华，到处都贴春联，迄今千年不改。

公元965年夏天，孟昶四十六岁，作为俘虏，被押送去东京（今开封市）。据《蜀梼杌》记载，告别成都那天，上万民众拥塞街道，哭声动地。孟昶以袖掩面，哭谢民众。从外东合江园，到眉州去上船，沿途民众相送，悲愤号啕，哭昏死数百人。百姓心头明白，薄赋税的好日子永别了。

　　到东京后，赵匡胤接见孟昶的母亲李氏，尊称国母。李氏为人明辨道理，往日多次诟骂孟昶奢靡，乃至鞭之。赵匡胤劝慰说："母善自爱，莫要思蜀。以后送母回成都去。"李氏说："妾家本在太原。倘能归老故乡，不胜欢喜。"赵匡胤大喜说："等太原打下来，一定送母回那里去。"几天后，单召花蕊夫人入宫，孟昶羞愤而亡。李氏不哭，持杯酒酹于地，祝告说："你不能死社稷，苟且偷生，自取羞辱。我忍着不去死，因为你在。你不在了，我活着有何用。"绝食而亡。

　　曾作《宫词》百首的青城山女子花蕊，入宫被"幸"之后，仍然不肯"合作"，惹怒兵痞皇帝，罚到织室，以罪赐死。织室，女囚劳作之所也。

　　接着是赵匡胤灭南唐，李煜的终局也到了。不同的是江南人只传诵"陌上花开，可缓缓归矣"的哀艳故事，而蜀人则愤怒反抗，思念故主故妃，甘作无谓牺牲，流血两载之久。孟昶和花蕊原葬北邙山，因蜀人造反，赵匡胤不得不允许迁葬归蜀，双双长眠广汉西城桥之东，洪水碾之西北，"高宗祠"附近。据载，此地旧有孟昶离宫，生前曾来狩猎。按孟知祥称高祖，孟昶则称高宗。曾有祠庙以高宗名，祀孟昶也。1953年墓被掘毁，今渺茫难稽矣。

◆ 灌县岷江流域的青城外山都江堰之山川风景（上）
◆ 百年前的成都，杳不可寻。蓉城的历史，也在如轻烟般袅袅飘散。（下）

芙蓉秋梦

第八章

移民填蜀我寻根

老成都历史上有三次大屠杀，成都人世世代代不可忘。

第一次在西晋东晋之交。公元301年，蜀西氐族豪强李特，纠合流民两万余，自称"镇北大将军"，在绵竹（今德阳市黄许镇）造反，陷广汉，围成都，入城大屠杀。李特战死后，其子李雄称"成都王"，后又称帝。政权无文化，作恶不自知，前后播乱达五十年。

第二次在宋元之交。公元1279年，元朝灭南宋，两度陷成都，先后大屠杀。旧《成都县志》载，明代赵防《程氏传》一文内，引用元代贺清权《成都录》云："城中骸骨一百四十万，城外者不计。"又引用《三卯录》云："蜀民就死，率五十人为一聚，以刀悉刺之，乃积其尸。至暮，疑不死，复刺之。"政权同样无文化，作恶又胜过李特父子。终元一朝，成都残破，毫无起色。

◆ 大量民居在军阀混战中被炮火毁坏。残破的灶台上，斗笠下面是几尊小佛像，似乎是人们在兵祸连绵的岁月里祈求神佛保佑。（左）

◆ 薛涛井在成都老东门外望江楼侧。唐代官妓薛涛制作诗笺有名。后人用此井水造松花笺，又名薛涛笺，因此呼此井为薛涛井，实与薛涛井无直接关系。（右）

第三次在明清之交，最为惨酷。明末崇祯十七年（1644年）阴历三月十七李自成陷北京后，八月初九张献忠陷成都。入城，张献忠命令屠城三天，即止大杀，不算太凶。张献忠号静轩，原在县衙门当壮勇，升小队长。粗识文字，非农家子。与李自成亦不同志，互相水火为敌。是年阴历十月十六，登极称帝，国名大西，年号大顺。蜀王府改称为皇宫，蜀宫城改称为皇城。也有左右丞相，也有六部尚书。四个干儿子都挂将军印。第二年还开科取士，无非装模作样。大杀早已停止，小杀天天非有不可。据当时依附大西政权的欧洲传教士利类斯和安文思二人所著《圣教入川记》一文，张献忠每日杀人一二百，为时一年又五个月，累计杀人十万，亦不算多。这是他的政策，盖以此求政权之巩固也。怎知江山仍坐不稳，清军打来，只好逃跑。逃跑前宣布说，必须杀尽蜀人，烧光房子，鸡犬

◆ 始建于明的九眼桥，桥如其名，共有九洞。其中桥南面一洞，旧时曾为乞丐与贫民的栖身之所。（下左）
◆ 成都历代的割据政权此起彼伏，物产丰饶加上"蜀道之难"可恃，使得很多人对模仿中央王朝、过一把皇帝瘾着了迷。成汉政权便是众多割据政权中的一个，只不过他们是由西北胡人所建而已，故在疑为第四个皇帝李寿之墓里发掘出了"胡人俑"，其造型神态真是满有趣味。（下右）
◆ 1912年成都水患。这是运送赈灾物资的船只，岸上有荷枪实弹的士兵在守护。（右）

◆ 灌县二王庙最高处的大殿（左）

◆ 有过灾荒，有过兵祸。天灾人祸之后，成都人都能靠勤劳的双手建设出全新的成都。（下）

不留，以免资敌。果然说到做到，先杀市民百姓，次杀军队家属，再杀自己的湖北兵，又再杀自己的四川兵。成都所有民房，早就给军队拆作柴烧了，不留一柱一椽。最后烧蜀王府，片瓦不存。然后率领败兵数十万逃出城，一路杀往西充。逃跑前大屠杀，死男女数十万，剐之割之，制成腌肉，以充军队口粮。盖自明末大乱以来，蜀中田地荒芜日久，早就颗粒无收，仓廪无存，锅釜无粮，不得不吃人也。

小时候听说有张献忠七杀碑，刻大字云："天生万物以养人，人无一德以报天，杀杀杀杀杀杀杀！"似乎蜀人自作恶不可活，他倒是在替天行道。旧时说张献忠剿四川把人杀光了，才有"湖广填四川"。蜀中饥饿死人，逃亡死人，瘟疫死人，估计应占死亡总数百分之八十几。张献忠杀死的也只占百分之十几吧。就这样也空前绝后了啊，不知为何数十年来还有不少左倾史学家奉他为"农民起义领袖"。惟其如此，所以说成都人不可忘。

　　史书所载两个细节，读后惊吓不已。一是欧阳直遗书《蜀乱》载，张献忠学朱元璋剥人皮，"先施于蜀府宗室，次及不屈文武官，又次及乡绅，又次及本营将弁。凡所剥人皮，渗以石灰，实以稻草，植以竹竿，插立于王府前街之两旁（今之天府广场），夹道累累，列千百人，遥望如送葬俑。"另一是沈荀蔚《蜀难叙略》载，"王府数殿不能焚，灌以脂膏，乃就烬。盘龙石柱二，孟蜀时物也。裹纱数十层，浸油三日，一火而柱折。"

　　张献忠把成都彻底毁了。清朝官员在城内找不到作廨署的屋舍，四川省治只好改设在保宁府（今阆中市），到顺治十六年（1659年）才迁回成都来。当时全川人口大约八万，其中青壮男丁仅一万六千多。成都全城居民才数十

◆ 脚踏式的水车。水车是以前最为重要的灌溉工具，有水力和人力之分，人力水车又分为脚踏式和手摇式，前者更为省力，结构原理也更复杂。（左）

◆ 成都郊外，南路来的农民放养棚鸭，沿途拾食水稻收割后遗留田间的稻粒。行数百里，棚鸭赶至成都，刚好长肥。整棚上千只肥鸭卖给成都商贩，宰杀制成烧腊板鸭，供应中秋过节之需。（下）

户。闾巷不存，旧街难认。到处丛莽，兔走雉飞。有人在南门城墙上向外望，一天之内看见锦江对岸先后共有十三只老虎相继走过。

康熙元年（1662年）以后，青神县人贡生余本，从扬州回四川。他是明末化装成道士逃亡出川去扬州的，待战祸终了才回来。在成都有诗作《蜀都行》一首，如下：

自我之成都，十日九日雨。浣花草堂益萧瑟，青羊石犀但环堵。生民百万同时尽，眼前耆旧存无几。访问难禁泣泪流，故宫荒废连禾黍。万里桥边阳气微，锦官城中野雉飞。经商半是秦人集，四郊廓落农人稀。整顿凋残岂无术，日积月累成可期。但得夫耕妇织无所扰，桑麻树畜随所宜。数十年后看生聚，庶几天命有转移。

此后不久，另一位姓余名良，生于1631年的小武吏，那时已有三十几岁，带着一妻四子，离开扬州府泰州县大圣村军旺庄老家，随着湖广填四川的移民队伍，从湘西入川来。余良农家子，文化低，怀揣"调动手续"，到成都来任武吏职，亦为糊口养家而已。见成都竟如此残破，仕途便灰心了，辞职，迁去资阳县，那里也比成都好。资阳住几年，又迁去彭县隆丰场，住家化成院侧。余良的第三子余允信，康熙三十六年（1697年）二十四岁，迁来金堂县外北甘泉乡大小寺附近，插占荒地百亩。又娶本地黄姓女子为妻，下田共作。

当时地广人稀，平畴荒芜，荆榛遍野。官方任人插占耕种，免税五年。像余允信这样的省外移民，遍布成都四郊，日日劳作田野。雄鸡晨啼，炊烟暮起，这小小平原上逐年恢复生机。毕竟水好气候好，农夫易致丰穰，城市恢

◆ 成都北郊的昭觉寺内（左）
◆ 行远路的民夫，在路边草鞋店购买了一双新草鞋。照片摄于1917年。（右）

复也快。不到五十年，成都又热闹起来，大城修缮完备，满城也筑好了。八旗兵丁都住在满城。满城所在与古少城旧址确有部分叠合，称呼少城亦可。明代蜀王城毁完了，清代在旧址上建贡院、致公堂、明远楼，成都人仍呼为皇城。谁的皇城？当然是前蜀和后蜀的皇城了，成都人念旧。

◆ 2003年9月流沙河在家中

金堂县外北甘泉乡大小寺的移民农夫余允信，耕耘一生，只活到五十岁，卒于康熙六十一年（1722年）腊月初七。此时雍正已继位了。甘泉乡，今之大同镇，属成都市青白江区。大小寺余家老院子至今尚在。余允信的子孙繁衍不绝，三百年间，迄今已有十四代，代代都有读书人。第八代有一个读书人，刚写完这一本《老成都·芙蓉秋梦》。

二〇〇二年十一月十五日脱稿

成都大事记

约 4500－5000 年前

◆ 地处成都平原的古蜀国已出现高度发达的青铜文明。古蜀国有蚕丛、柏濩、鱼凫、杜宇和开明五个朝代，先后定都于瞿上（今成都市温江区）、郫邑（今郫县）、新都（今成都市新都区）和广都（今双流区）。

约公元前 5 世纪

◆ 春秋末期，古蜀国第五世开明王把都城从广都迁至赤里(今成都上南大街一带)，建立庙宇，取周王迁岐"一年而所居成聚，二年成邑，三年成都"之典故，改名成都。

距今 2700 年前

◆ 相传古蜀国第十二世开明王因思念已故王妃，派"五丁力士"去王妃故乡武都(今甘肃境内)担土至成都，为其营建规模宏大的墓冢。遗址位于成都市区北校场，名曰"武担山"。

公元前 316 年

◆ 古蜀国内乱，蜀王派兵伐苴侯，苴侯求救于秦。秦惠文王派张仪、司马错伐蜀，蜀国灭亡。秦国先后吞并蜀国、巴国。秦王三立三废蜀侯，终置蜀郡，郡治设于成都。

公元前 311 年

◆ 秦惠文王派兵平定蜀国叛乱后，蜀守张若仿咸阳建制兴筑成都城。次年九月完工。成都城分"大城"和"少城"，城曲缩如龟，成都因此又名"龟城"。

公元前 256 年

◆ 秦昭王任命李冰为蜀郡郡守，李冰在任内主持修建了举世闻名的都江堰水利工程。成都平原从此沃野千里，"水旱从人，不知饥馑，时无荒年，谓之天府"。

秦汉时期 ✳

秦末汉初

◆ 成都在秦时即已成为全国性大都市。西汉时成都人口达到七万六千户（约四十万人），与长安、洛阳、邯郸、临洮、宛并称六大都市。

公元前141年

◆ 蜀郡太守文党提倡教育，在成都城南建立了中国最早的地方官办学堂——文翁石室。

公元前106年

◆ 汉武帝在全国设十三州刺史部，成都为益州刺史部，分管巴、蜀、广汉、犍为四部。

公元25年

◆ 西汉末年绿林赤眉起义爆发，公元25年，蜀郡太守公孙述在成都自立为帝，国号"成家"。公元36年，汉光武帝刘秀命大司马吴汉举兵讨伐，"成家"灭亡。

公元194年

◆ 公元184年，黄巾起义爆发，东汉政府接受刘焉的建议，改各州刺史为州牧，刘焉则为首任益州牧，设治所于绵竹，迁驻成都。

两汉时期

◆ 成都的文学艺术达到很高水平，成都人司马相如、扬雄、王褒皆为汉著名的文学大家。成都出土的汉代画象砖和画象石，绘画精美，反映了当时广泛的社会内容。

◆ 成都是国家重要的贡赋来源，织锦业十分发达，朝廷在成都专门设置锦官管理，并修筑"锦官城"（简称"锦城"），故成都有"锦官城""锦城"之别称。

公元221年

◆ 东汉末年，群雄逐鹿，汉室宗亲刘备在战乱中崛起，于蜀中称帝，定都成都，国号汉，史称"蜀汉"，与魏、吴成三国鼎足之势。蜀汉于公元263年被魏所灭。

魏晋南北朝时期 ※

公元301年

◆ 十月，氐人李特率众攻占成都，建立农民政权。后来其子李雄在成都称帝，国号"大成"，公元338年改国号"汉"，史称"成汉"。

公元373年

◆ 前秦攻取梁、益二州，成都并入前秦版图。淝水之战后，前秦瓦解，385年，东晋将领桓冲乘势收复益州。

公元405年

◆ 参军谯纵叛乱，占据巴蜀，建立西蜀政权，自称"成都王"。公元413年，东晋太尉刘裕以朱龄石为帅伐西蜀，攻克成都，谯纵自杀，西蜀亡。

公元420年

◆ 刘裕以禅让的名义夺取帝位，东晋灭亡，刘宋建立，益州归属为刘宋的领土。

公元479年

◆ 齐武帝萧道成迫使刘准禅让，刘宋灭亡，南齐建立，益州又为齐所领。其间齐武帝萧道成肖鉴为益州刺史，主张德政，成都恢复安定，成为"西方之一都"。

公元502年

◆ 萧衍代齐，建立南梁，益州再为梁所领。南梁时期，益州刺史邓元起、肖纪先后治蜀，内修耕桑盐铁之政，外通商贾远方之利。

公元553年

◆ 西魏军攻入成都，益州并入西魏版图。公元556年12月，宇文觉接受西魏恭帝禅位，于次年正式建立北周政权。其间，宇文宪曾为益州刺史，深得蜀人欢迎。

隋唐五代时期 ✳

隋末唐初

◆ 成都经济发达，文化繁荣，为当时全国四大名城（长安、扬州、成都、敦煌）之一，人口仅次于长安，时人有"扬一益二"（扬州第一，成都第二）的说法。

贞观年间

◆ 贞观年间，成都城北修建了建元寺，大中年间改名为昭觉寺。

公元756年

◆ 唐玄宗为避"安史之乱"逃至成都。玄宗返长安后，唐朝政府升成都为"南京"，此为"南京"一词在历史上首次出现。

公元759年

◆ 大诗人杜甫避战乱来到成都，在友人严武等的帮助下，在城西浣花溪畔建成了一座草堂，世称"杜甫草堂"，也称"浣花草堂"。杜甫不少诗篇即创作于成都。

公元768年

◆ 泸州兵马使杨子琳乘虚攻占成都。剑南西川节度使崔旰之妾任氏（人称"浣花夫人"）出家财募众数千人，击退杨子琳。朝廷封她为"冀国夫人"，成都人奉她为守护女神，在浣花溪畔兴建了浣花夫人祠。

公元880年

◆ 黄巢起义军逼近长安，唐僖宗仓促间逃亡入蜀，辗转至成都，并在此停留长达四年之久。

公元907年

◆ 来自洛阳的沙陀族蜀王王建自立为帝，定都成都，国号"蜀"，史称"前蜀"。前蜀初年，王建励精图治，前蜀成为当时一个强国。925年，后唐庄宗派郭崇韬伐蜀，前蜀后主王衍投降，前蜀灭亡。

公元 934 年

◆ 时任西川节度副使的孟知祥自立为帝，定都成都，国号为"蜀"，史称"后蜀"。孟知祥之子后主孟昶颇能励精图治，维持了近三十年和平。他在成都城墙上遍种芙蓉，成都由此有了"芙蓉城"之称。

公元 940 年

◆ 赵崇祚编辑了中国文学史上的第一部文人词集《花间集》。收录了温庭筠、韦庄等十八位花间词派诗人的代表作品。

公元 965 年

◆ 宋太祖赵匡胤发兵攻蜀，孟昶投降，后蜀亡。前后蜀时期，成都地区未被卷入中原的连年残酷战争之中，是当时中国最为繁荣稳定的地区。

北宋初年

◆ 朝廷在成都设立成都府，成都成为川陕四路（利州路、成都府路、梓州路、夔州路）中成都府路的治所。

公元 993 年

◆ 王小波、李顺在成都附近的青城（都江堰以西）起义，攻克成都，建立大蜀政权。同年，宋军攻陷成都，起义失败，成都府被降为益州，成都府路改为益州路，成都仍为治所。

公元 1023 年

◆ 由于商业发达，官方在成都设立官办交子业务，由官府公开印刷，发行"交子"。"交子"是世界上最早出现的纸币。

公元1059年

◆ 益州改为成都府路，治所在成都府成都县（今成都市青羊区及武侯区）。所辖范围包括今成都市全境及周边大部分地区。

约公元1082年

◆ 北宋名医唐慎微撰写了中国现存最早的药典《经史证类备急本草》。收药物一千七百四十六种，其中有六百多种是前代本草书中未有记载的。

公元1234年

◆ 成都府路的人口超过一百三十万户，人口总数大概四百五十五万人左右，而成都府地区的人口已超过四十万户。

公元1257年

◆ 元军攻占成都。公元1286年，元朝中央政府在成都设置"四川等处行中书省"，民间一般称为"四川省"。

公元1363年

◆ 湖北人明玉珍率农民军攻占了成都在内的"四川等处行中书省"治下的诸路，成立武装割据的君主制政权——明夏。

明清时期 ✳

公元 1371 年

◆ 朱元璋派兵攻蜀，明夏亡，政府在成都设四川承宣布政使司，其中成都为首府。朱元璋封第十一子朱椿为蜀王，王府设在成都，后人称其为"皇城"或"皇城坝"，毁于"文革"。

公元 1644 年

◆ 农民起义军将领张献忠率军攻入成都，自立为帝，国号"大西"，自称"大西王"，称成都为"西京"。随后清军入川，与张献忠在成都激战，战乱多年，人口大减。

公元 1658 年后

◆ 清顺治将四川布政使司改为四川省，朝廷下令实施"湖广填四川"大移民，成都逐渐恢复生机，省治才从保宁府（今阆中市）迁回成都。

公元 1863 年

◆ 太平天国将领翼王石达开率兵入川，攻成都失败，清军将其诱捕后押解至成都，在成都城内科甲巷将其凌迟处死。

公元 1873 年

◆ 四川学政张之洞集资在成都文庙街西侧石犀寺附近修建尊经书院。书院以人才荟萃著称。1902 年，书院扩建为四川省高等学堂（今四川大学前身）。

公元 1877 年

◆ 四川总督丁宝桢在成都东门下莲池创建四川机器局，次年建成投产，这是四川最早的军用工厂。后规模不断扩大，辛亥革命后改称四川兵工厂。

公元 1911 年

◆ 清政府宣布铁路国有，成都立宪派的强烈反对。成都绅商成立保路同志会，誓死"破约保路"。四川总督诱捕保路同志会蒲殿俊、罗纶、张澜等人，屠杀请愿民众，制造"成都血案"。成都附近的保路同志军揭竿而起，围攻成都，全川同盟会员借机发动了武装起义。四川保路风潮成为辛亥革命的导火线。

民国时期 ※

公元 1912 年

◆ 3月12日，成都大汉军政府与重庆蜀军政府合并为四川军政府，军政府驻成都，尹昌衡任都督，张培爵任副都督。

公元 1912—1933 年

◆ 由于川军派系混乱，成都在这一长达二十多年的时间里，陷入了长时间的军阀争之中，民生涂炭，对整个成都的破坏极其严重。

公元 1922 年

◆ 成都市政筹备处改名为市政公所。此后，四川大学、华西协合大学等在成都设立。1928年，正式改市政公所为市政府，国民政府以成都市为省辖市并继续作为四川省省会。

公元 1929 年

◆ 位于广汉市西北、距今约3000至5000年历史、被称为20世纪人类最伟大的考古发现之一的三星堆古遗址被发掘。三星堆遗址揭示了长江流域与黄河流域一样，同为中华文明的母体，被誉为"长江文明之源"。

公元 1932 年

◆ 川军军阀刘湘在蒋介石的支持下与刘文辉之间爆发争夺四川统治权的战争，刘文辉由成都败走西康雅安，刘湘任四川省主席，成为四川最大的实力派。此后，刘湘又与蒋介石争夺对四川的统治权，蒋最终获胜。

中华人民共和国成立以来 ✳

公元1937年始

◆ 抗日战争爆发，中国沿海沿江的各类工矿企业、高等学校和文化团体纷纷内迁至四川，四川省的省会成都也因此成为中国的大后方。

◆ 抗战期间，日军多次轰炸成都，其中大规模轰炸有两次：1939年，成都市中心遭日机轰炸，数百平民被炸死；1941年，日机一百零八架对成都实施大轰炸，死伤一千余人。

公元1949年

◆ 12月10日，蒋介石携长子蒋经国等人，从成都飞往台湾。当时成都已是国民党在大陆控制的最后一个大城市。

◆ 12月27日，中国人民解放军进驻成都，四川省被分为东、南、西、北四个行署，成都成为川西行署区的驻地。

公元1950年

◆ 1月6日，成都市人民政府成立，周士第任市长，这是中华人民共和国成立后任命的第一任成都市长。

公元1952年

◆ 在撤销各行署、恢复四川省建制后，成都市一直为四川省省会。西南地区的大区机构如成都军区、成都铁路局等也纷纷在成都成立。

◆ 7月1日，成渝铁路竣工通车，全长505公里。1956年7月13日，宝(鸡)成(都)铁路在甘肃省徽县黄沙河顺利接轨。

公元1970年

◆ 2月24日，成都市大邑县西部发生6.2级大地震，震中在大邑县双河乡。北起理县、汶川，南至西昌，西至丹巴，东到成都均有震感，这是成都地区有史以来最大的一次地震。

公元1989年

◆ 2月，经国务院批准，成都市的经济和社会发展计划在国家计划中实行单列，享有省一级经济管理权限，成为全国十四个计划单列市之一。

公元2001年

◆ 成都市青羊区金沙遗址出土，这是继三星堆遗址之后在成都平原发现的又一个重要遗址，将成都建城历史从公元前311年提前到了公元前611年，超过了苏州，成为中国未变城址最长久的城市。

主要参考资料：
《成都市志》（成都市社会科学院编纂，巴蜀书社，2006年）、《四川近代史稿》（隗瀛涛主编，四川出版社，1990年）、《成都掌故》（白朗主编，成都时代出版社，2012年）、《成都通览》（傅崇矩编著，天地出版社，2014年）、成都市地方志官网（http://www.cdhistory.chengdu.gov.cn）及维基百科等。

图书在版编目（CIP）数据

老成都.芙蓉秋梦 / 流沙河著.—重庆：重庆大
学出版社，2014.10（2022.4重印）
（老城影像丛书）
ISBN 978-7-5624-8621-3

Ⅰ.①老… Ⅱ.①流… Ⅲ.①成都市—地方史—史料
Ⅳ.①K297.11

中国版本图书馆CIP数据核字（2014）第233435号

楚尘文化

官方微博：楚尘文化
公众微信：ccbooks

老成都·芙蓉秋梦 laochengdu·furong qiumeng
流沙河　著

责任编辑　李建波　陈冬梅
装帧设计　杨林青工作室

重庆大学出版社出版发行
出版人　饶帮华
社址　（401331）重庆市沙坪坝区大学城西路21号
网址　http://www.cqup.com.cn
印刷　天津图文方嘉印刷有限公司

开本：710×1000　1/16　印张：19.25　字数：207千
2014年11月第1版　2022年4月第7次印刷
ISBN 978-7-5624-8621-3　定价：69.00元

———————————————————————————————————